军事政治学系列丛书
丛书主编·高民政

军队"十三五"重点学科专业建设项目

国外警宪部队文职人员制度研究

王莉 / 马溯川 ◎ 著

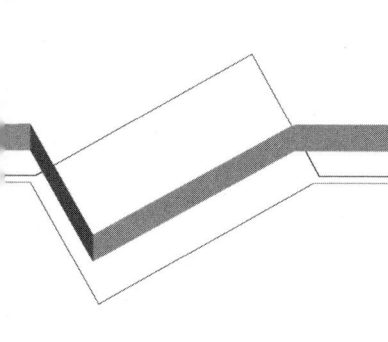

时事出版社
北京

图书在版编目（CIP）数据

国外警宪部队文职人员制度研究/王莉，马溯川著.—北京：时事出版社，2020.12
ISBN 978-7-5195-0386-4

Ⅰ.①国… Ⅱ.①王…②马… Ⅲ.①军事警察—文官制度—研究—国外 Ⅳ.①E159

中国版本图书馆CIP数据核字（2020）第211332号

出 版 发 行：时事出版社
地　　　　址：北京市海淀区万寿寺甲2号
邮　　　　编：100081
发 行 热 线：（010）88547590　88547591
读者服务部：（010）88547595
传　　　　真：（010）88547592
电 子 邮 箱：shishichubanshe@sina.com
网　　　　址：www.shishishe.com
印　　　　刷：北京朝阳印刷厂有限责任公司

开本：787×1092　1/16　印张：11.25　字数：160千字
2020年12月第1版　2020年12月第1次印刷
定价：85.00元
（如有印装质量问题，请与本社发行部联系调换）

学术委员会主任：王　莉　马溯川
学术委员会委员：汪小琳　刘雯雯　张继才　洪　晨
　　　　　　　　孟　雪　陈　黎　吴星芳　郭茹星

学术顾问：高民政（国防大学）
　　　　　金振兴（武警工程大学）

特邀顾问：雷　鸣　杨　玲　李博敏

序

现代化武装警察部队历史进程中的
文职人员队伍建设略谈

纵观世界历史，任何国家的崛起和兴盛必须有强大的军队作为支撑，而强国军队需要军事技术和武器装备革新，需要军事理论、组织形态的渐进性变革，更需要人才资源的融合和人才素质的提高。世界各国警宪部队在各自发展历程中，面对岗位分工专业化、遂行任务多样化、职权职能法制化、组织结构系统化的要求，不断增加文职人员在规模结构和力量编成中的分量，特别注重加强警宪部队的文职人员队伍建设。

建设新时代现代化武装警察部队，必然需要人才资源军民融合的重塑力量；必然需要"在军民通用、非直接参与作战且社会化保障不宜承担的军队编制岗位从事管理工作和专业技术工作的非现役人员"的全新方阵；必然需要政治可靠、素质过硬、编配相符、结构合理、优势互补、作风优良的高素质武警部队文职人员队伍。

建设素质过硬的文职人员队伍，要有科学有效的制度保障，武警部队2008年以来首批文职人员招聘，不断建设完善与我国国情、军情以及武警部队发展实情相适应的文职人员制度。武警工程大学在文职人员建设中，研究充分，成果丰硕，经验丰富，先后获得国家和军队、武警部队的各级荣誉，培养了一批文职优质人才，在武警部队建设中发挥了科研攻关、智库攻关和服务支撑等作用。

武警工程大学基础部王莉主任带头的科研团队，面对新问题、新挑战屡次攻坚，以管理学、政治学、社会学、人力资源学等学科融合的理论优势，破解国外警宪部队文职人员"组织形态"的内部结构、外部联系以及相互联动机制，廓清了文职人员制度发展路径。军事科学体系性重构，对于加强军队和武警部队文职人员队伍建设，具有较大的理论价值和实践意义。

本书包含八个国家的文职人员制度述评，分别是美国警宪部队、俄罗斯警宪部队、日本海上保安厅、法国宪兵部队、英国警察力量、德国联邦警察部队、印度军事警察和意大利国家宪兵队。书中研究文职人员的岗位名称、岗位属性的职业内涵等问题，探索文职人员岗位任务、职能要求的职业外延，聚焦文职人员待遇福利、职业发展规划体系以及职业保障，分析各国警宪部队文职人员建设的鲜明特点。本书按照"体系规范的美国警宪部队文职人员制度建设""创新改革的俄罗斯警宪部队文职人员制度建设""精细管理的日本警宪部队文职人员制度建设""开放包容的法国宪兵部队文职人员制度建设""现代标杆的英国警宪部队文职人员制度建设""严谨高效的现代德国警宪部队文职人员制度建设""复杂多样的印度警宪部队文职人员制度建设"和"双重职能的意大利警宪部队文职人员制度建设"设章布篇。

习近平总书记在十九大报告中针对军队和国防建设明确提出，文职人员制度是中国特色社会主义军事制度之一，武警部队要落实好这一制度。"惟改革者进，惟创新者强，惟改革创新者胜。"英雄的人民军队勇于自我革新、重塑重构，需要合理借鉴世界各国警宪部队文职人员建设实践，总结其发展规律和经验教训，不断加强和完善武警部队文职人员制度建设。

目 录

第一章 体系规范的美国警宪部队文职人员制度建设 ………… 1
    第一节 美国警宪部队文职人员制度发展历程 …………………… 2
    第二节 美国警宪部队文职人员制度建设实践 …………………… 9
    第三节 可以学习借鉴的经验做法 ………………………………… 24

第二章 组织创新的俄罗斯警宪部队文职人员制度建设 ……… 29
    第一节 俄罗斯警宪部队文职人员制度发展历程 ………………… 30
    第二节 俄罗斯警宪部队文职人员制度建设实践 ………………… 35
    第三节 可以学习借鉴的经验做法 ………………………………… 48

第三章 精细务实的日本警宪部队文职人员制度建设 ………… 57
    第一节 日本警宪部队文职人员制度发展历程 …………………… 58
    第二节 日本警宪部队文职人员制度建设实践 …………………… 61
    第三节 可以学习借鉴的经验做法 ………………………………… 76

第四章 开放包容的法国宪兵部队文职人员制度建设 ………… 83
    第一节 法国宪兵部队文职人员制度发展历程 …………………… 84
    第二节 法国宪兵部队文职人员制度建设实践 …………………… 87
    第三节 可以学习借鉴的经验做法 ………………………………… 93

第五章 标新领先的英国军事警察部队文职人员制度建设 …… 101
    第一节 英国军事警察文职人员制度发展历程 …………………… 101

第二节　英国军事警察文职人员制度建设实践 …………… 106
　　第三节　可以学习借鉴的经验做法 ……………………………… 113

第六章　严谨高效的德国警宪部队文职人员制度建设 ………… 123
　　第一节　德国警宪部队文职人员制度发展历程 ……………… 123
　　第二节　德国警宪部队文职人员制度建设实践 ……………… 131
　　第三节　可以学习借鉴的经验做法 ……………………………… 133

第七章　复杂多样的印度警宪部队文职人员制度建设 ………… 137
　　第一节　形式多样的印度警宪部队 ……………………………… 137
　　第二节　复杂的警宪部队文职组织形态 ……………………… 139
　　第三节　可以学习借鉴的经验做法 ……………………………… 151

第八章　岗位多样的意大利警宪部队文职人员制度建设 ……… 155
　　第一节　意大利警宪部队文职人员制度发展历程 …………… 155
　　第二节　意大利警宪部队文职人员制度建设实践 …………… 157
　　第三节　可以学习借鉴的经验做法 ……………………………… 167

后　记 ……………………………………………………………………… 172

第 一 章

体系规范的美国警宪部队
文职人员制度建设

美国的警宪部队由国民警卫队（United States National Guard）、海岸警卫队（United States Coast Guard）和宪兵部队（Military Police）组成。①

国民警卫队包括陆军国民警卫队（Army National Guard）和空军国民警卫队（Air National Guard），是一支联合部队。其中，陆军国民警卫队成立于1933年，有35万人，有8个师以及其他各类旅，占美国陆军大约一半作战力量和美国三分之一的支援体系。联邦层面，由国民警卫局统一管理，平时联邦政府对其只有指导权而无指挥权；州层面，则由各州军务长管理。

美国海岸警卫队是世界各国海岸警卫队的鼻祖，是美国五大武装力量之一，于2003年转隶于新成立的国土安全部（Department of Homeland Security），美国海岸警卫队的性质和任务随着机构调整和新的行政命令、国会授权等不断变化，逐步形成一支具有军事性、多功能性、海事性的美国海上唯一的综合执法机构，战时根据《美国海军法》规定按照总统的命令，转隶海军部参加作战。

美国宪兵作为一种兵种存在，分别隶属于陆军、海军、空军和海军陆战队。陆军宪兵包括宪兵参谋官办公室、宪兵旅、陆军刑事调查司令部、要塞卫戍部队、陆军宪兵学校等；海军宪兵包括船上纠察、岸上巡

---

① 杨莲珍、石宝江：《他山之石》，人民武警出版社2011年版。

逻队；海军陆战队宪兵部队于1945年成立，设宪兵参谋官办公室，平时主要负责协助指挥官管理部队秩序，战时负责战场流通管制、法律执行任务、处理战俘事务、后方地区警备等任务；空军宪兵即空军安全部队（Air Force Security Forces），受空军安全指挥中心管制，负责防护空军安全，执行空军法令。

美国警宪部队文职人员管理主要依据国会立法、总统及国防部长指令，以及各军种部制定的相关规章制度和条令条例。其中，陆军国民警卫队、陆军宪兵部队的文职人员管理落实陆军制定的文职人员管理规定；空军国民警卫队、空军安全部队的文职人员管理落实空军文职人员相关制度；海岸警卫队、海军宪兵部队、海军陆战队宪兵部队的文职人员管理落实海军文职人员管理规章制度。

第一节 美国警宪部队文职人员制度发展历程

美国警宪部队文职人员制度的发展，已有数百年的历史。随着警宪部队的任务和要求日益复杂，需要文职人员从事的岗位越来越多，文职人员的军事支持作用日益彰显，美国警宪部队制定了完备的法规体系，形成完善的文职人员管理制度，对文职人员的招聘、考核、任用、培训、分类、职责、职业发展、薪酬、福利待遇、离职、退休等都有了明确规定。1883年《彭尔顿法》颁布后，美国警宪部队才有了专门的文职人员管理制度，警宪部队文职人员制度的形成和确立经历了一个长期曲折而又复杂的过程。

一、"恩赐官职制"时期（1603—1776年）
（一）国民警卫队创建
1636年，为了保卫殖民地，美国在波士顿建立了第一支民兵队伍，美国最早的警宪部队——国民警卫队就此创建。国民警卫队建设初期，内部管理模式属于恩赐官职制。

恩赐官职制是封建君主制度下普遍存在的一种任官现象。在该制度下，官职、爵位是属于君主的私人财产，君主掌握着任用官职的权力，官吏的任命和升迁与品德、才学并无直接联系,君主凭借自己的主观意愿,以恩赐的方式任命下属,在本质上沿用了英国文职人员制度正式确立(1870年)之前的"恩赐官职制"。

(二)宪兵部队雏形成立

1776年,为维持"大陆军"的安全与军纪,宪兵部队(Military Police)的雏形——骑警队(Provost Corps)成立,主要负责逮捕逃兵、酗酒者、盗匪,以及保护"大陆军"高级将领的人身安全和戍守重要城市、要塞。此阶段的人员管理任命制度,从恩赐官职制发展为民主选举制度、官员轮换制、短期任期制。

在这期间的战争中,为了增加大陆军的战斗能力,除了医生、书记员等,华盛顿还从欧洲雇用武器技术专家从事技术性工作,最早的文职人员由此走上历史舞台。

二、"委任制"时期(1789—1829年)

从华盛顿到第六任总统约翰·昆西·亚当斯卸任,这一时期主要采用"委任制"。宪法明确规定了高等官员的任命方法,即总统根据参议院的意见在取得参议院的同意后任命大使、公使和领事、最高法院的法官等重要官员;对于下级政府工作人员的任命,宪法并不明确;联邦政府没有统一的官员任用标准,因此总统会依据个人偏好或标准直接委任重要官员,任用、升降、去留也由其意志决定。很多名门望族因出身、财富、能力而被认为是适合治理国家的人,"绅士政府"就此建立。华盛顿(1789—1797年)任人坚持以"合格的品质和能力"为标准,以"家庭背景、教育程度、社会威望,以及对新政府的忠诚"来衡量。[①]他设置了"适合性考试",要求候选人有能力、正直、适合、高效;除了真正的能力,是否是联邦制拥护者也是重要的因素。至托马斯·杰斐逊(第3任总统,1801—1809年)任期,党派斗争很快开始显现,政党分肥制初见端倪;杰斐逊发现华盛顿和亚当斯在大多数政府职位上安排的

---

① Robert Marranto and David Schultz. *A Short History of the United States Civil Service*, Maryland: University Press of America, Inc., 1991.

是联邦党人（华盛顿和亚当斯均为联邦党），便开始以渎职、腐败或无法胜任为由免职部分联邦党人而代之以民主共和党人，直到两者比例大致相当。在这一时期，党派政治因素成为任命和免职的最重要因素。随后党派压力剧增，詹姆斯·门罗执政期间通过了《1820年职位任期法案》（以下简称《任期法案》）。《任期法案》和"官职轮换说"实际上是政府分赃制的两大基石，为政府分赃制开启了大门。个人徇私制与美国民主相悖，引发诸多不满，这一时期，尽管文职人员发挥了重要作用，但文职人员管理制度未得到充分发展。

三、"政党分赃制"时期（1829—1883年）

西奥多·罗斯福曾写道："在我们的政治生活中，政党分赃制比任何其他可能创造出来的制度都更加堕落。战利品的贩卖者兜售赞助，不可避免地孕育了投票表决的买家、卖家，和在办公室进行不法行为的人。"①

从安德鲁·杰克逊到切斯特·亚瑟共15任总统执政的50多年，就是臭名昭著的"分赃制时代"。任用文职人员的标准是党派隶属，由选举胜出的政党来任命和支配。1829年3月，杰克逊上台后，为了打破"绅士贵族"对政府文职的垄断，宣扬"平民政治说"和"官职轮换说"。② 杰克逊的拥护者、纽约州参议员威廉·马西说："赃物属于胜利者。"③ 政府分赃制由此得名。杰克逊将政府官职变成政治战争的战利品，大量免职前任所任命的官员，给自己的支持者腾出职位。其后的政府如法炮制，官员任命论功行赏，职位作为政治酬谢，同时获胜党利用政府权力政策倾斜。"分赃制"导致严重的腐败问题，在分赃制下，官职是用来"作为商品和动产付旧账和施行新恩惠的"。④ 此时的文职人员

---

① *Biography of An Ideal – A History of The Federal Civil Service*, U. S. Office of Personnel Management, 2004.

② Robert Marranto and David Schultz. *A Short History of the United States Civil Service*, Maryland: University Press of America, Inc., 1991.

③ *The New Encyclopedia Britannica*. Vol. 11., Chicago: Encyclopedia Britannica, Inc., 1985.

④ Walker, D. E. and Walker, T. Doing Business Internationally: The Guide to Cross – Cultural Success, (2nd ed,) McGraw – Hill, 2000.

无一技之长，玩忽职守、管理松散、效率低下、拉帮结派，缺乏职业安全感。同时，内战之后，美国统一的全国资本主义市场向纵深发展，经济高速发展，开始从农业国向工业国转变。19世纪30年代后，政党分赃制伴随着机构调整，愈演愈烈，对美国政治造成严重的不良影响。伴随着工业化进程，美国城市开始大规模兴起，进入鼎盛时期，新的社会问题如贫民窟等，带来更尖锐的社会矛盾和社会动荡。至19世纪后期，美国从自由资本主义向垄断资本主义过渡，同时扩充军事力量向海外扩张。政府分赃制已然成为腐败和低效的代名词，与国家经济、社会发展、军队建设相违背。此时，改革文职人员制度，建立现代文职人员制度迫在眉睫。

四、"功绩制"时期（1883—1978年）

1883年《文职人员制度改革法》，即《彭尔顿法》的生效，标志着美国现代文职人员制度的初步确立，也标志着警宪部队正式建立了现代意义上的文职人员制度，这是文职人员制度改革倡导者长期斗争的结果。

1881年12月6日，俄亥俄州参议员、参议院文职制度改革委员会主席乔治·彭尔顿提出一项法案，该法案由多尔曼·巴顿起草，乔治·威廉·卡提斯和国家文职人员制度改革联盟其他成员辅助。1883年1月16日，共和党总统切斯特·艾伦·阿瑟签署《文职人员制度改革法》，即《彭尔顿法》，为警宪部队文职人员制度奠定了法律基础，以"功绩制"为核心的警宪部队文职人员制度就此确立。该法确定的一些文职人员的基本原则至今仍在沿用，如文职人员的录用必须通过竞争考试，晋升以"功绩制"为原则择优录取；考试内容以实际工作为导向；在政治上保持中立等，并依法成立了文职人员委员会。《彭尔顿法》确立了警宪部队文职人员制度"功绩制"的基本原则，以成绩作为警宪部队文职人员晋升等的标准，择优录取人才，是警宪部队文职人员制度发展的重要里程碑。

1914年，第一次世界大战爆发，美国警宪部队文职人员规模稳步扩大，尤其是1917年4月美国加入战争后，许多新机构成立。文职人员委员会为警宪部队的人员配备提供了大力支持，他们招募来自全国各地的合格者，利用政府资金为他们签订6个月的工作合同，并提供交通费。到停战协定签署时，文职人员数量增加数倍，且70%是基于功绩制度招聘的。第一次世界大战是"功绩制"遇到的最大危机，但它仍为国家、部队提供了高效的服务，使人们更加遵守文职人员制度原则。

此后，文职制度经历了漫长的调整和改革。1938年，罗斯福政府（1933—1945）首次对文职人员制度进行全面修订，加强了文职制度基本原则及文职制度委员会的领导作用，标志着警宪部队现代文职人员管理的开始。在二战期间，警宪部队文职人员招聘由文职委员会和各军种联合进行，各军种为适应战场需要，开始高效招聘更适合的文职人员。根据二战经验，在1950年初朝鲜战争开始时，文职委员会就与陆军、海军、空军和其他防卫机构签订了协议，赋予它们在紧急情况下临时任命文职人员的权力，警宪部队文职人员也得以迅速扩充，在战争中彰显了其重要性，部队逐渐拥有对文职人员招聘的自主权。

二战之后，美国财政、管理、信任危机以及其面临的全球政治、经济问题，凸显了文职政策的弊端；与此同时，警宪部队越来越重视文职人员，开始侧重于行政、人事管理、新政策、计划及将原本由军人承担的职位转由文职承担。[①] 科技兴起，美国逐步进入信息社会，对职业化和专业化文职人员的需求非常紧迫，僵化的文职人员制度已经无法适应军队发展和作战任务的需要。1978年10月，国会通过《文职人员改革法》，对文职人员制度进行了重大改革。这次改革的核心是推进按照工作表现给予报酬的"功绩制"，以此提高文职人员的工作积极性、效率和质量，并第一次以法律形式确立了联邦政府人事管理制度应该遵循的九条"功绩制"原则：（1）公开公平竞争，文职人员招聘要来源合适、资质合格，旨在建设一支由社会各阶层组成的文职人员队伍，录用和晋升只依据能力、知识和技能。（2）所有文职人员和求职者，不论其政治派别、种族、肤色、宗教、国籍、性别、婚姻状况、年龄或残疾情况，在人事管理的每个方面都应被公平公正地对待。（3）同工同酬，应适当

---

① Human Resources Program Division, *Strategic Recruitment Team. Army Civilian Corps New Employee Handbook*, Civilian Human Resources Agency, 2011.

考虑私营企业雇主制定的全国和地方工资率,对表现优异者给予适当奖励。(4)所有文职人员应正直、保持高标准行为、关心公众利益。(5)高效率有效益地发挥文职人员作用。(6)工作业绩良好的文职人员继续任职,成绩不够好的应改进,不能或不去改进的应调整,直到免职。(7)为文职人员提供有效的教育和培训,旨在提高组织及个人业绩。(8)保护文职人员免受专横行为或个人好恶之害,或者被迫为政党的政治目的而从事活动,禁止文职人员干预选举。(9)保护文职人员在揭露违法、管理不善、资金浪费、权力滥用、威胁公共健康和安全等行为时,不受打击报复。这九条功绩制原则是警宪部队文职人员管理的根本原则,在《美国法典》第5卷第2301条中也有规定。[①] 这次改革也建立了高级行政职位,撤销了1883年成立的文职委员会,成立了人事管理办公室(OPM)、"功绩制保护委员会"和"联邦劳工关系局";改革了文职人员的传统考核制度,转向以每项职务的关键内容和工作表现为标准;废除了统一的政府绩效鉴定制,警宪部队文职人员的绩效评定制度下放至部队。这次改革在警宪部队文职制度发展史上具有划时代意义,确立了当代文职人员制度的基本框架和内容。

五、文职人员制度改革时期

当今,多种新力量在重塑全球安全环境,美国认为其面临着更大的威胁;认知科学及信息化技术的进步促进了人力资本运行管理方式的革命性变化。美国政府报告显示:"大约20%的联邦文职人员拥有硕士学位、专业学位或博士学位,而私营部门只有13%。51%的联邦文职人员至少拥有大学学位,而私营部门的这一比例为35%。"[②] 然而,自1978年的《文职人员制度改革法》出台以来,文职人员制度几乎没有变化,尽管该法案包含人力资本的灵活性,但这些灵活性往往没有得到充分利

---

① U. S. Army War College. How the Army Runs: A Senior Leader Reference Handbook, Military Bookstore, 2016.

② Elaine Kamarck. A government – wide reform agenda for the next administration, [2017 – 07 – 31]. https://www.brookings.edu/research/a-government-wide-reform-agenda-for-the-next-administration/.

用，立法赋予各机构的灵活性也没有得到充分利用，致使文职人员队伍不能充分发挥其作用。国防部认为，必须优化文职人员队伍组织结构、加大资源投入，提高文职人员能力。

2010 年，美国陆军部副部长宣布启动陆军文职队伍转型计划（包含陆军国民警卫队及陆军宪兵部队），以官兵职业发展模式为蓝本，对陆军文职人员进行体系化管理；变革文职人员招聘、培训、培养以及保留方式。转型计划包括聘用合适的人员，依据岗位发展项目管理队伍，实现培训和发展目标，为文职人员设计职业发展道路并通过提供能力素养培训等保证文职人员晋升。陆军完善岗位发展项目，以确定每名文职人员能匹配至最合适的岗位；成功实施高级文职人才综合管理项目，培养文职人员胜任高级领导岗位；对 31 个岗位的文职人员开展职业规划并提供了 488 个职业路线发展图。2015 年 5 月，奥巴马总统签署备忘录，批准全面改革文职人员招聘体系，要使文职人员岗位成为顶尖人才的从业选择。备忘录称"现行文职人员招聘体制太复杂，效率低，导致许多高素质人才很难找到合适的工作，必须简化招聘程序"。[①] 2015 年 9 月，文职人员改革草案——"未来力量"草案发布，旨在建立与信息化时代相适应的军队人事制度，简化和标准化文职人员管理；其中涉及"关注年轻文职的招聘""加大吸引和留住关键岗位的人才""开发和维护文职人才管理系统""扩大文职人员职业生涯机会"等。

2017 年 2 月 17 日，美国防部长马蒂斯签署备忘录，文职人员制度改革被列为国防部增效计划的重中之重。美参、众两院武装部队委员会计划以 2018 财年《国防授权法》为契机，大力推行新一轮文职人员制度改革，此次改革的核心是构建美国特色的"军务员"制度，将美国法典第 5 编文职人员全部纳入第 10 篇的管辖范围，统一规范文职人员政策与制度管理。此次改革提出的解决方案包括：建议精简国防部长办公厅，裁减重叠部门等；控制文职人员规模，呼吁国会尽早通过《国防军、文职人员有效再平衡法》，正确评估军、文职人员比例；转变业务管理模

[①] 美国国防部新闻网站："美总统签署政策备忘录 美军拟大幅度改革文职人员招聘体制"，http：//www.defense.gov/news/。

式，增设首席管理官，统管国防部各部门，加强横向合作，提升管理效能；解决"冗官""冗员""冗费"问题。然而，文职人员制度改革依旧迫切，其显现的弊端阻碍了政府吸引、雇佣、留住和发展有技能的雇员。

2019年5月，特朗普总统发布了三项行政命令，旨在改革文职人员制度。[①] 其中《促进问责制和精简符合考绩制度原则的解雇程序的行政命令》将文职人员参加绩效改善计划的时间由原来的60—120天缩减为30天。该行政命令还明确指出，在决定保留文职人员时，主要基于绩效而非服务年限，这体现了文职制度改革愈加倾向基于绩效和能力。文职人员队伍组织形态向来是一个动态的过程，要紧密联系军队任务使命、所处形势。美军在未来依旧会不断改革，随时调整适应军队需求、国家战略需求的文职人员制度。尽管美军文职制度存在一些弊端，如招聘效率低、保留人才难等，但他们从未停止过追求和探索最佳效能与最低风险的平衡点，不断调整其编制体制、相关制度，尽量使文职人员组织形态高度适应当前社会局势、作战环境，经过不断改革，文职人员制度得到改善。

第二节 美国警宪部队文职人员制度建设实践

一、美国警宪部队文职人员分类

美国警宪部队文职人员（按照工资来源）主要分为拨款类文职人员（APF Civilians）和非拨款类文职人员（NAF Civilians）。前者属于联邦政府公职人员，工资由国会通过每年的"国防拨款法案"提供，且依据联邦文职法由联邦人事管理办公室（OPM）管理。非拨款类文职人员的工资通过合法的销售、服务、收费获取的资金提供。这类文职人员包括美国平民、外国侨民（通常来自当地劳动力市场）、在休息时间兼职服务的服役人员。所有人员在"考绩制"基础上竞争上岗。这些文职人员在

[①] President Trump's Common Sense Reform of the Civil Service System is just the Start Hopefully, [2018-05-28]. https://www.forbes.com/sites/robertberger/2018/05/28/president-trumps-common-sense-reform-of-the-civil-service-system-is-just-the-start-hopefully/#5be1c40421b7.

提高军人家庭生活质量和鼓舞士气上起着重要作用,他们为军人及其家庭提供福利、娱乐服务。相当数量的文职人员在军人俱乐部、军队旅店、儿童保育中心、工艺品店、保龄球馆、游泳池、健身房等场所工作。

按雇佣方式,警宪部队文职人员分为直接雇员和间接雇员。直接雇员是指由三军军种部、国防部各业务局或国防部长办公室、参联会办公室等国内外各军事机关与单位直接雇佣的美国公民和少数外籍人员。间接雇员是指海外部队与驻地国政府及所属机关通过合同或协议雇佣的当地人。截至2018财政年度末,空军国民警卫队直接雇佣的文职技术人员有22179人,2014—2018财政年度文职技术人员数据如表1—1所示:[①]

表1—1 空军国民警卫队文职技术人员(直接雇员)

Fiscal Year	FY14	FY15	FY16	FY17	FY18
Number	22225	23448	23044	22542	22179

资料来源:空军简介——2018年美国空军年鉴。

按雇佣性质,警宪部队文职人员分为临时雇员、合同雇员和职业文职人员。临时雇员一般不超过1年的录用期,期满以后可以继续任用,但既不能晋升,也不能享受退休待遇。合同雇员的录用期若超过1年,首次被雇佣的文职人员必须有1年的试用期,通过试用期后可继续留用直至合同期满,如要继续雇佣,则重新签订合同。合同雇员工作满3年后若继续雇佣,就成为职业文职人员。如2014年度陆军刑事调查司令部就有合同雇员447人,职业文职人员880人。

按工作性质,警宪部队文职人员分为白领雇员和蓝领雇员。其中白领雇员管理纳入"联邦政府职员级别表"(General Schedule,简称GS),共15个级别,每级又分为10档。初级职位(即普通职员)对应 GS-1—9级,中级职位(即中级职员)对应 GS-10-12级,高级职位(即高级职员)对应 GS-13-15级,包括管理人员、高级技术专家或医生等。蓝领雇员分为普通职工、领班职工和管理职员三等,主要任务是管

---

① The United States Air Force. *The Air Force in Facts and Figures-2018USAF Almanac*,2018.

理、维护军事设施或在警宪部队所属工厂工作。蓝领雇员的薪酬管理纳入"联邦工资系统",其中普通职工和领班职工的工资均分为15级,管理职员为19级,每级分5档。

二、美国警宪部队文职人员岗位分布

警宪部队文职人员使用范围广、占部队员额比例大。2018年度空军国民警卫队现役共106600人,其中军官14699人,士兵91901人;同年仅直接雇佣的文职技术人员为22179人,是现役的20.8%。2017年度其现役共105670人,其中军官15257人,士兵90413人,仅直接雇佣的文职技术人员为22542人,是现役的21.3%。[1] 数据显示,自2009年至2018年,这一比例一直维持接近水平。陆军刑事调查司令部2014年有文职人员1327人,现役1464人,比例接近1:1。

表1—2　陆军刑事调查司令部文职人员总编制数（2014财年）

军官	准尉	士兵	（职业）文职人员	合同雇员	小计
94	524	846	880	447	2791

资料来源：[美]军队建设与兵力结构研究——美国陆军2020·总体兵力结构参考手册：组织结构、计划编制与财年计划,知远战略与防务研究所译,2017。

警宪部队使用文职人员的基本原则是：只要有利于警宪部队建设,任何部门都可以使用文职人员;只要是文职人员可胜任的工作,尽量使用文职人员。因此,大量的文职人员遍布警宪部队各个部门,从事千余种工作,按职业性质可分为八大类,包括科学家与工程师、高级专业人员、行政管理人员、技术人员、技师与技工、秘书与办事员、服务员和勤杂工,主要集中于警宪部队的各级机关、科研单位、军事院校及文化部门等。具体岗位：一是在各级机关从事行政管理、组织计划、武器采购、财会审计、通信、情报、测绘、后勤保障等工作,如海岸警卫队的

---

[1] [美]军队建设与兵力结构研究——美国陆军2020·总体兵力结构参考手册：组织结构、计划编制与财年计划,知远战略与防务研究所译,2017。

指挥、控制、通信、计算机和信息技术服务中心,此外也担负海岸警卫队的网络安全工作、巡逻船上的无线电和计算机系统的开发及维护工作。① 二是在军事科研单位从事调查研究等工作。三是在军事院校从事教学工作。美军陆海空军官学校的教员中,文职人员所占比例分别达到60%、50%和51%,美国海军研究生院文职人员高达76%,② 陆军宪兵学校（US Army Military Police School,简称USAMPS）是培养所有美军宪兵部队的军官、士官的军事院校,其校长被视为美国宪兵部队的最高领导者,文职人员也是其教员队伍的主要力量,承担着基础知识课和部分军事课的教学工作。四是在警宪部队的图书馆、俱乐部等文化部门及新闻发布、媒体审查等公共事务部门从事工作。

此外,国民警卫队负责医疗处理的2961人中包含大量文职人员。海岸警卫队有约6000名文职人员在维护海上安全、执行海上安保任务、海洋管理任务等三大类11项任务中发挥作用。陆军刑事调查司令部和空军特别调查办公室都有文职人员,承担着调查军种犯罪案件、犯罪预防侦查、搜集犯罪情报、毒品查缉、反恐怖主义等任务,作为犯罪调查员调查个人犯罪、侵犯财产罪、经济犯罪、毒品犯罪、重伤害案件等犯罪行为。文职人员中也包括刑事鉴识专家、计算机犯罪处理专家、人像绘制专家等。

三、美国警宪部队文职人员制度支撑

美国文官治军制度是警宪部队文职人员制度的根本政策保障,其中总统制、国防部制度以及军种部制度都是文官治军制度的重要组成部分。

(一) 国家层面的制度支撑

美国总统制建立至今已有200多年的历史,可追溯至美国宪法中立法权、行政权、司法权"三权分立"制度。美国总统即为文官,宪法明确规定"行政权属于美利坚合众国总统",且宪法规定总统兼任武装部

---

① [美] 海岸保护神,严美、王剪、柳川译:"各国海上执法力量研究",知远战略与防务研究所,2009年。
② 王培志:"美军文职人员——不扣动扳机的人",《环球军事》2014年第22期。

队总司令,是美国武装力量的最高统帅,掌握着最高军事指挥权、高级指挥官员的任免权等,享有行政权以及军事统帅权的总统通过国防部对所有武装力量进行领导指挥。而始终确保文官对于军队的控制正是其根本立国原则,以此确保军队始终是政府的工具。美国三权分立制度下的总统制是确保"文官治军"的根基,以保证总统始终掌握全部武装力量。"文官治军"是美国基本稳定和安全的保障,这一国家根本制度也是文职人员地位的最根本保障。

(二) 国防部层面的制度支撑

美国国防部是联邦政府中最大的机构,管理美军现役、预备役及文职人员。美军实行军令军政双轨制,其军政指挥体系是总统—国防部长—各军种部长—各联合司令部下属的军种部队司令部;其军令体系是总统—国防部长—各战区。根据《宪法》和《国家安全法》规定,国防部长、国防副部长以及各军种部长都必须是文职人员。国防部长虽没有军衔,但各军种参谋长(作战部长)必须听从其指挥。国防部长作为军队的最高行政长官,必须由总统提名,且经国会批准,由此确保国防部受总统的绝对领导,在其号令之下通过各军种对全军实施行政领导。除了这些绝对领导人物是文职人员外,国防部各局及专业机构也主要由文职人员构成,占国防部工作人员的75%,职权由职业军人和文职人员共同掌握。国防部层面文官治军的具体制度体现,为国家层面文官治军提供了坚实的保障。

(三) 军种层面的制度支撑

美军陆海空三大军种部是军政机构,隶属于国防部,其中海军部是海军和海军陆战队的最高军政领导机构。各军种文职部长总管该部所有事务,直接对国防部长负责。同时,各军种文职部长领导本军种参谋长(作战部长、司令官)。根据法律规定,参谋长是该军种军阶最高的军官,负责部队指挥、训练、管理等军事事务。军种参谋长(作战部长、司令官)是文职部长的首要军事顾问或者首席军事执行官,为文职部长提供战略性军事咨询服务,同时,其事务上报必须经过文职部长签署。这些军种部制度用以确保各军种文职部长在该军中的绝对领导地位,是支撑国防部及国家层面"文官治军"的根本制度。

四、美国警宪部队文职人员管理结构

除联邦政府设有的处理所有文职人员事务的相关机构外,文职国防部长办公室和国防部承担国防事务相关职责,文职人员管理采用三级管理机构。

(一)美国警宪部队文职人员管理机构

与警宪部队文职人员人事管理密切相关的独立联邦机构为警宪部队文职人员的发展制定指导性政策,适用于所有文职人员,形成警宪部队文职人员全面管理机构系统。

1. 人事管理办公室(OPM—United States Office of Personnel Management)

人事管理办公室的历史始于1883年签署的《彭尔顿法》,该法案结束了分赃制度,建立了文职人员制度委员会。人事管理办公室作为全体文职人员人事工作管理机构,具有管理行政部门的人力资源职能,处理文职人员管理和行政的各方面工作,如制定文职人员分类工作的标准(即薪酬制度、职称、工作系列和职级),以及管理退休、健康和人寿保险计划。人事管理办公室人力资源管理已经发生了深刻的变化,从传统强调专业职能变成强调战略导向,其战略职能得以强化。它在警宪部队中的战略伙伴角色日益彰显,为文职人员发展提供政策、系统规划和方案,且保留建立特定计划标准的权力,规范和控制人事管理业务主要方面,已然成为文职人员发展体系的专家顾问,利用其专业知识技能开发文职人力资源产品和服务项目,如为求职者提供测试、评估和推荐建议。

2. 考绩制度保护委员会(MSPB—Merit Systems Protection Board)

考绩制度保护委员会是行政部门中一个独立的准司法机构,是绩效体系的保卫者,进行中立的裁决和独立的、无党派的政府范围内的研究。委员会的任务是保护考绩制度和这些制度内个人的权利。

3. 特别顾问办公室(OSC—Office of Special Counsel)

特别顾问办公室是一个独立的联邦调查和检察机构,《文职人员制度改革法》(CSRA)是奠定其权威的四项联邦法规之一,其他三项法规分别是：检举人保护法、哈奇法以及统一服务就业和再就业权利法案（USERRA）。特别顾问办公室调查和起诉关于违禁人员行为（PPPs - prohibited personnel practices）的指控，主要任务是通过保护联邦雇员和申请人免受违禁人员行为，特别是举报人的报复，以此来维护考绩制度。

4. 平等就业机会委员会（EEOC—Equal Employment Opportunity Commission）

平等就业机会委员会是一个独立的联邦执法机构，禁止在私人和公共部门出现基于种族、肤色、国籍、性别、年龄（40岁以上）、宗教、遗传信息、精神或身体残疾的就业歧视；禁止因参与反对歧视、歧视投诉或诉讼等受保护活动而遭到报复。平等就业机会委员会负责监督和协调所有部门的平等就业机会法规、措施和政策；监督所有类型的工作情况，包括雇用、解雇、晋升、骚扰、培训、工资和福利，并向美国总统、国会和相应的国会委员会提交关于联邦劳动力的年度报告。

5. 联邦劳工关系局（FLRA—Federal Labor Relations Authority）

联邦劳工关系局是一个独立的联邦准司法机构，负责处理联邦政府与其雇员之间的劳工关系，裁定联邦雇员的集体劳资纠纷，包括解决不公平劳工行为的投诉、确定适当的劳工组织代表、裁定仲裁员裁决的例外情况、裁定与讨价还价和谈判责任有关的法律问题、通过谈判解决僵局。

（二）美国警宪部队文职人员管理的组织分布

由于美国警宪部队与其三军的隶属关系，要全面了解警宪部队文职人员管理组织结构，就必须全面把握其文职人员管理的三级管理机构，其自上而下分别为国防部、各军种部以及各大总部与司令部。

第一级是国防部层次。由国防部长负责整体人事工作，国防部副部长（人事与战备）及其下设的助理国防部长（人力与战备事务）和助理国防部长下辖的助理国防部长帮办（文职人员政策）负责涉及国防部范围内文职人员和编制外文职人员的相关事宜。[①] 具体如图1—1所示：

---

① U. S. Army War College. *How the Army Runs: A Senior Leader Reference Handbook*, Military Bookstore, 2016.

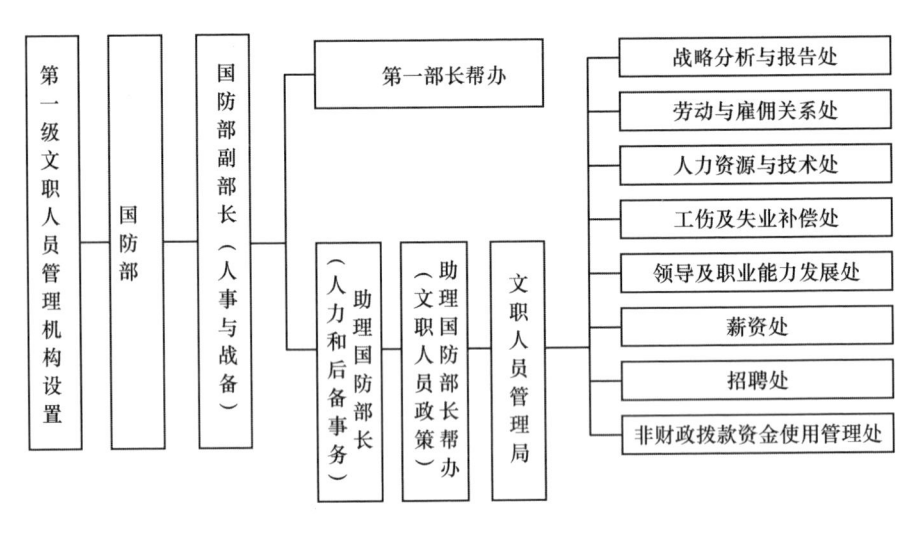

图 1—1　第一级文职人员管理机构设置

资料来源：美国国防部官网。

美国总统授权各机构负责人，包括国防部长，根据适用的政策、项目/计划要求、标准和指示，处理文职人员人力资源事务。根据美国国防部第 5124.2 号指令，国防部副部长（人事与战备）（Under Secretary of Defense for Personnel and Readiness）经文职国防部长提名、国会任命之后，在国防部长授权下，负责文职人员卫生事务、训练、人员要求和管理等，包括士气、福利、娱乐、生活质量、平等就业机会等。作为国防统一力量管理的主要顾问和主要参谋，人事与战备副部长对美军 93 万国防部文职人员的招聘、培训、薪酬福利、教育、职业发展、训练、战备、离职和退休等提出建议，制定政策、计划和程序，并具有决策权和管控权；管理与支持国防平等机会管理协会，督促实施美国最大的机会平等培训计划，保证所有文职人员具有平等就业机会。[①] 人事与战备副部长还负责战备事物的管理，为始终确保"一体化军队"具有较高的战备水平和较强的战斗力，其负责出台相关政策、管理结构和程序；分析涉及"一体化军队"结构的文职人员需求，管理和控制国防部各局、各军事

---

① https://prhome.defense.gov/About［EB/OL］.［2018－07－20］.

部以及其他国防部单位的文职人员实力；同时负责开发、实施与文职人员教育相关的课程指示和教育机构。

国防部副部长（人事与战备）下辖人员中，与文职人员政策相关的负责人包括：

第一副部长帮办（Principal Deputy Under Secretary of Defense for Personnel and Readiness）：被人事与战备副部长授予充分的权力，除了受到上级权力的限制或法律禁止的领域外，第一副部长帮办能代理并行使该副部长权力处理被授权处理的任何事务，负责针对总体力量管理、文职人员需求、教育、语言等方面提供建议和协助。

助理国防部长（人力与后备事务）（Assistant Secretary of Defense for Manpower and Reserve Affairs）：领导人力和后备事务办公室。该办公室包括8个机构，由近2.7万名人员提供支持，负责制定和实施所有人事政策，包括文职和军事人事政策以及旅游管理、家庭项目、物资采购、人力规划、薪酬等，向国会、军队领导层、国防部政策影响者、军人、文职人员及他们的家庭、退伍军人、服务提供者和志愿者提供相关和及时的政策以及程序更新，实施支持全面部队和任务准备的人力资源解决方案。其通过规划、指导、协调和监督210万现役和后备役成员以及近93万名文职人员，支持全体部队（Total Force）。

助理国防部长帮办（文职人员政策）［DASD（CPP）］：从属于助理国防部长办公室，在联邦法律、行政命令和政府法规所建立的框架内，制定、监督和管理影响全球范围93万多名国防部文职人员的计划、政策和程序/项目，包括非拨款资助的文职人员（NAF）和国外文职雇员，对其实施高效且人性化的管理；制定文职人员政策以及提供人员服务支持各军种部门；通过国防人员咨询服务（DCPAS-Defense Civilian Personnel Advisory Service），其还在国防部范围内提供某些文职人力资源服务。[①]助理国防部长帮办办公室（文职人员政策）是国防部的全球人力资源政策办公室，影响文职人员队伍的计划、政策和项目由该办公室制定和管理，与国防文职人员咨询处共同领导国防部制定和执行文职人员政策和

---

① https：//prhome. defense. gov/M-RA/Inside-M-RA/CPP［EB/OL］.［2018-07-20］.

人力资源解决方案,以加强任务准备。

国防文职人员咨询服务处(Defense Civilian Personnel Advisory Service),负责制定和监督文职人力资源计划、政策和项目。本着创新性和对财政负责任的原则,作为文职人员政策、人力资源解决方案、咨询和咨询服务的主要提供者,国防文职人员咨询服务处主要负责制定和实施文职人员政策和人力资源解决方案,以加强任务准备工作;涵盖行政资源管理,劳动力规划和塑造,福利、健康和工作与生活的平衡,教育、培训和领导力发展,劳资关系等方面;其中人力资源政策包括人员配置、劳动力关系、工资、分类、休假和员工福利。国防文职咨询服务培训项目支持精心培养一支高技能的文职人员队伍,他们表现出色、注重实效,并做好从联合、全面的部队环境中脱颖而出的准备。①

国防部调查和决议司〔Investigations and Resolutions Division(DOD IRD)〕,负责调查并促进解决关于平等就业机会的投诉和不属于协商/谈判申诉程序的正式员工申诉,在非拨款支持的文职人员(NAF)的复杂正式申诉中,或拨款支持的文职人员(APF)依据行政申诉制度的正式申诉中,决定官员可以选择保留国防部调查和决议司的服务,以审查事实并提出建议。

第二级为各军种部文职人员管理机构。海岸警卫队的文职人员由负责任务支持的副司令统一管理,其余警宪部队的文职人员分别由陆、海、空军各军种部分管人力与预备役事务的助理部长统一管理。第二级文职管理机构如图1—2所示:

陆、海、空三军种的文职人员事务处处长均为文职人员,其中海军相对较复杂,助理部长办公室负责全海军文职人员政策管理(海军宪兵部队隶属海军);但同时,海军又划分为海军作战部和海军陆战队司令部两个部分。海岸警卫队作为警宪部队之一,文职人力资源、多样性和领导力局(CG-12)还下设4个机构,分别是人力预测及分析(CG-12A)、多样性和包容性(CG-12B)、领导力(CG-128)、文职人力资

---

① https://prhome.defense.gov/M-RA/Inside-M-RA/CPP/How-We-Support〔EB/OL〕.〔2018-07-20〕.

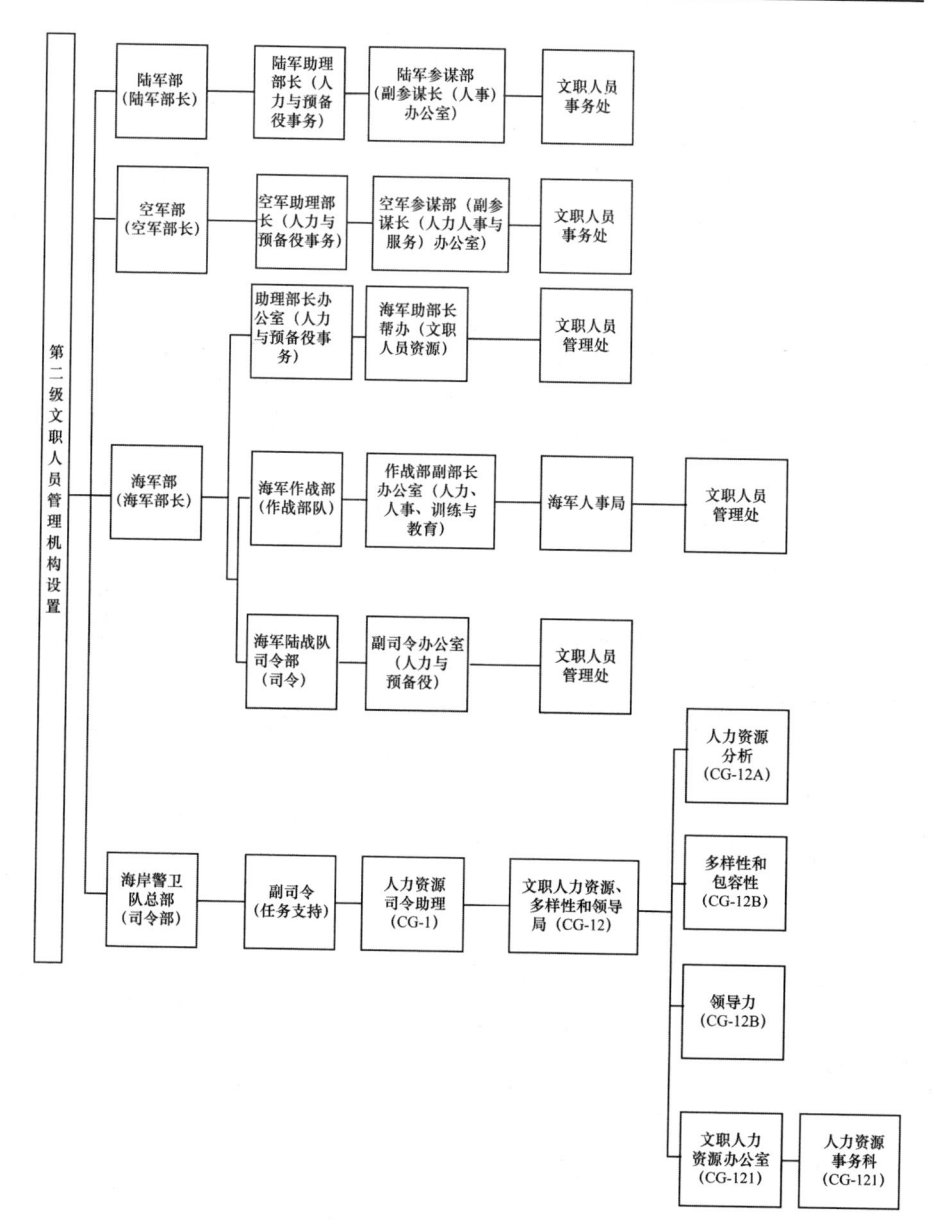

图 1—2 第二级文职人员管理机构设置

资料来源：美国国防部官网。

源（办公室）（CG-121）；文职人力资源办公室（CG-121）下设人力资源业务科（CG-1211）。

文职人力资源、多样性/多元化和领导（力）委员会（CG-12），负责海岸警卫队全系统文职人力资源项目的全面指导、管理和规划、协调和管理。该局为海岸警卫队高层领导提供咨询服务，涉及广泛的敏感和重要问题，涉及整个海岸警卫队队伍的多样性管理以及海岸警卫队各部门的领导（力）培训机会，包括对于所有人员的劳动力分析及规划。[1]该部门领导制定海岸警卫队文职人员管理计划和政策；确保与人事管理办公室（OPM）和国土安全部（DHS）的总体政策保持一致；为文职人力资源管理项目提供监督和及时的技术控制；监督制定有关海岸警卫队所有文职人员领导力培训和职业发展的政策，包括单位领导力发展计划（ULDP）、个人发展计划（IDP）、指导计划、领导力培训计划和职业发展顾问计划。

文职人力资源办公室（Office of Civilian Human Resources）为海岸警卫队文职人力资源政策制定战略计划/目标，为海岸警卫队司令部和文职人员提供人力资源支持和服务；评估项目和系统的效率和有效性，以及海岸警卫队的实施情况，根据结果设计、实施和沟通以便改进；向海岸警卫队人员传达高层领导关于文职人力资源问题的理念，分析并有效地与高层领导沟通员工关注的问题。[2]

人力资源业务科［Human Resources Operations Division（CG-1211）］担负着高级指挥官关于海岸警卫队各种文职人力资源事项和问题主要顾问的责任，包括职位管理和分类、招聘和人员配置、薪酬、绩效管理、奖励奖励、纪律和基于绩效的行动、申诉、劳资关系、基本福利、休假、激励奖励、劳动力重组、减少行动和工人赔偿。开展征募和人员配备活动，就适当的招聘方法提供建议和指导评估和分类文职职位，提供有关文职职位管理问题的建议，解释和管理薪酬政策和条例。为海岸警卫队文职人员提供有关基本福利、绩效管理、激励奖励计划、休假规定和工

---

[1] https://www.dcms.uscg.mil/Our-Organization/Assistant-Commandant-for-Human-Resources-CG-1/Civilian-Human-Resources-Diversity-and-Leadership-Directorate-CG-12/Civilian-HR/HR-Library［EB/OL］.［2019-03-15］.

[2] The Army Green Book, US Army Association, 2016.

人赔偿的建议和帮助。监督文职人力资源活动，以确保遵守所有适当的法律、法规、政策和程序，并准确和及时完成所有指派的任务。进行退休咨询和计算，并提供与健康/人寿保险、节俭储蓄计划、弹性支出账户、长期护理、工人赔偿以及其他联邦民事福利和权利相关的咨询服务。

第三级为文职人员管理机构，即各大司令部的人事副参谋长办公室（向人力与战备助理部长负责）下设人事部或人力与人事部等负责文职人员管理，其下级机构文职人员局或文职人员处具体监督及落实文职人员政策管理和相关职能。

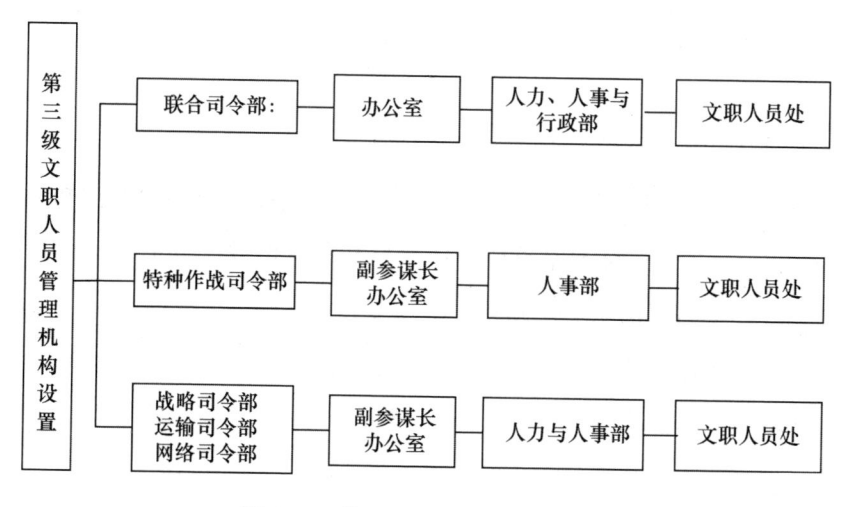

图1—3 第三级文职人员管理机构

资料来源：美国国防部官网。

五、美国警宪部队文职人员管理法律法规体系

美国警宪部队文职人员管理相关的法律法规主要分为三个层次，国会立法、总统和国防部长指令以及各军种部制定的规章制度和条令条例。内容涉及文职人员队伍规模、结构、领导指挥体制、各级机构和职能、组织编制制定、文职队伍发展改革、文职人员晋升、职业规划、教育、休假、保险、退休等。法律法规以及各军种所颁布条令条例的权威性和强制性，确保了警宪部队文职人员队伍结构稳定和文职人员的根本利益。主要法律法规及条令条例如下：

《美国法典》（第5篇和第10篇）、1920年《文职人员退休法》、1923年《职位分类法》、1949年《职位分类法》、1940年1月《国家社会保障法》、1940年11月《兰斯佩克法》、1950年《工作考核法》、1954年《文职人员奖励法》、1954年《联邦雇员团体人寿保险法》、1958年《培训法》、1962年《工资改革法》、1970年《工资比较法》、1972年《平等机会法案》、1978年10月《文职人员改革法》、1990年《联邦雇员工资持平法》、1991《民权法案》和1996年《国防部文职情报人员法》。其中，1923年《职位分类法》解决了文职人员的分类管理问题，基于职务、责任和担任相应职位必备的资历将职位分为5类、工资等级44等，"因事设人"，确立了同工同酬原则。《职位分类法》的颁布是警宪部队文职人员现代化管理的前提，促进了管理制度的统一，为未来全面人事方案的形成奠定了基础。1978年《文职人员改革法》对警宪部队文职人员制度进行了重大改革，是文职管理发展历程中的里程碑。该法第一次以法律形式确立了军队文职人员人事管理制度遵循的根本原则，即九条"功绩制"原则，以推进按照工作表现给予报酬的功绩制为核心，激发文职人员的工作积极性，提高效率和质量；也对高级行政职务、文职人员评价和处分程序做出重大改革。总统行政令（EO）9830规定，总统已授权机构负责人，包括国防部长，按照适用的政策、计划要求、标准和指示处理军队文职人员事务。EO 12721规定了公平招聘的相关事宜。

以美国国会和联邦政府的法律法规体系为基础，国防部和各军种部具体制定了指导本单位内部文职人员的管理的指示、手册及条例，如国防部制定的《文职人员手册》《国防部文职人员管理制度：文职人员战略人力资本计划》《国防部文职远征队计划》。各军种部也制定了相关条令条例，陆军条令690-950职业发展确立了文职人员培训、教育和发展体系。《陆军文职人员手册》、陆军条令AR690-12《平等就业机会计划和多样性》（2016年12月修订），AR690-600《平等就业机会歧视投诉》，以此实现就业平等，禁止因种族、信仰、肤色或民族原因导致文职人员的就业歧视。此外，还有《陆军部文职人员配置指南》《文职人员管理指南》《文职人员谈判美国管理》《激励奖章手册》等。这些法案都使警宪部队文职人员制度日趋完善，使文职人员从雇用、职位分类、晋升到培训管理和退休等都有法可依。

六、美国警宪部队文职人员队伍"基于能力"建设

美国警宪部队始终把人作为核心要素，国防部公布的"第三次抵消战略"中也提到，人才这一优势是未来战场取胜的关键因素。文职人员作为美国警宪部队的重要组成部分，是其人才力量的倍增器，能力则是人才的核心要素。进入 21 世纪，美国国民警卫队、海岸警卫队为适应国土安保、反恐、应急救援等任务需求，其指导理念已经从"基于威胁"转变为"基于能力"。过去警宪部队旨在应对具体的、确定性的威胁，在新形势下已转向应对不可预期、不确定性的传统与非传统威胁。警宪部队承担着复杂的任务使命，为了在极其复杂且难以判断的全球安全环境下仍能立于不败之地，警宪部队积极对文职人员队伍进行战略投资，旨在建设适应能力强、作战能力强的专业化文职人才队伍。

警宪部队重视培养文职人员领导力、管理能力、适应能力、技术创新能力、情报工作能力、军事训练能力以及应对突发事件等遂行军事任务的能力。以培养文职人员领导力为例，在当前美国大力推行文职人员征召、管理与发展方式改革的背景下，美国陆军主管人事的副参谋长在《关注陆军最宝贵的资产：人才》中指出："我们要重点保留那些对'全陆军'（Total Force）非常重要的能力。陆军还将通过持续多年的文职人员队伍转型项目，继续投资文职人员队伍人才管理和领导力发展项目。"陆军领导力训练、高级领导人才管理项目等也逐步实现制度化。为了高效支持陆军及联合部队，领导力发展成为 2025 年陆军国民警卫队最大优先事项；警卫队全力执行"陆军领导发展战略"（Army Leader Development Strategy），要求各层次的文职人员都要积极接受教育，参与训练和部队实践，以确保文职人员在未来作战环境下能够带领队伍遂行任务；同时，警卫队发展与保留曾经在海外战场、国土防御和五角大楼机关工作过的高素质高能力人员，积极推动领导力发展项目。空军"文职人员战略领导计划"（CSLP – Civilian strategic leadership program），旨在确保高质量的领导力以满足未来的任务要求，通过具有多方面挑战性、拓展职业生涯的项目为文职人员提供领导力体验机会，发展空军高级文职人员；其战略是从所有职能领域招聘高素质的候选人，经过职能开发团队积极严谨筛选之后，通过审核的人员将被空军遴选委员会审议。若被选为 CSLP 候选人，并被批准且与其他成员竞争成功，将被分配为期 36 个月的体验任务，这些体验任务直接与高级领导者重点领域、培养杰出领导者任务、加强联合领导等相关联，目前 CSLP 在全球范围共有 65 个项目。空军国民警卫队始终积极参与空军各种领导力培养项目，推动警卫队文职队伍发展。海岸警卫队在平时隶属于国土安全局，战时跟随海军作战。国土安全局有"高级行政人员服务候选人发展计划"（Senior Executive Service Candidate Development Program）"国土安全部研究员"项目（DHS Fellows），以及"国土安全局顶点/课程计划"（DHS Capstone Program）。海军有为期 10 个月的"德怀特·艾森豪威尔学校"计划（The Dwight D. Eisenhower School）。隶属于陆海空及海军陆战队的宪兵部队同样积极贯彻各军种的文职人员领导力培养计划。同时，《2025 年及以后的陆军》（Force 2025 and Beyond）强调开发利用新能力及新概念，并指出培养适应能力与创新能力是"2025 年及以后的陆军"的重要内容。警宪部队通过对文职人员队伍进行长期职业化军事教育、大量实战化训练让文职人员积累经验，培养其卓越的职业素养，以及面对复杂战场环境时超强的适应与应变能力。[1]

第三节 可以学习借鉴的经验做法

一、优化文职人员规模结构

美国警宪部队文职人员始终保持规模适当，致力于与现役军人达到最优比例，最大限度支持部队遂行任务，最大程度发挥警宪部队文职人员战斗力。其管理机构设置自成体系，三层管理机构层次适中，管理高效。美国警宪部队文职人员队伍规模结构和人员编成，是生成和提高警

---

[1] https：//www.opm.gov/services－for－agencies/federal－leadership－development－programs [EB/OL]．[2019－03－20]．

宪部队整体战斗力的关键因素。当今时代，信息化战争形态加速演进，军事战略、传统作战理论等将伴随警宪部队面貌的变化而发生改变。信息主导、体系支撑、精兵作战、联合制胜已成为现代战争的显著特征，因此文职人员队伍体制编制要与当前面临的局势、形态发展契合，科学布局，系统设计，合理规划。

科学设置领导指挥体制。文职人员队伍领导体制的科学性，关系到指挥效能，以及整支队伍的建设效益和发展方向。结构臃肿的领导指挥体制严重影响战斗力生成。结合智能通信技术与当前任务，充分考虑文职人员职责功能、岗位分布等实际情况，建立特色鲜明、层级清楚、职能清晰、结构精简的文职人员领导指挥体制，能够保证管理层次和组成部门的高效性，从而解决各级各类文职人员队伍指挥管理的具体问题，实现组织结构扁平化，优化完善各项功能。

应优化文职人员规模结构。文职人员作为军队的重要组成力量，其组织结构科学、编成合理、规模适度、功能完善，能力突出，有助于抢占组织形态建设制高点。能确保文职人员队伍向充实、灵活、多能的方向发展。根据作战需求和部队发展，科学制定并调整文职人员队伍组织结构、编制体制，优化结构力量，能最大限度地发挥文职人员的战斗力。

二、明确文职人员使命任务

美国警宪部队文职人员制度体系相比世界其他国家而言较为完备，其设计理念、框架结构、政策导向、条款设置、组织模式及运行方式都着眼于警宪部队使命，着眼于打仗需要，着眼于部队核心能力即作战能力的形成。文职人员是美军武装力量的三大支柱之一。美国一位高官曾言，如果没有文职人员，美军的作战、训练与战备就无法进行。[①]美国警宪部队文职人员制度始终围绕如何最大限度发挥其作为"警宪部队重要组成部分"的作用而构建，始终遵守一切以履行任务使命为牵引。文职人员管理体系中有相应的条令条例，要求文职人员执行警宪部队命令。如《国防部海外文职雇员应急必须岗位聘用协议》是美军战时布置至海

---

① 童蕴河："警宪部队文职人员作用日益凸显",《中国警宪部队政治工作》2015年第7期。

外执行任务的文职人员必须签订的协议。该协议明确规定文职人员在危机或战争情况下必须履行岗位职责和要求。如果没有其他合格的文职人员或合适的现役军人可以替代，即使文职人员拒绝签署该协议，军方也有权让其继续在该岗位工作。

三、完善文职人员法律体系

美国警宪部队文职制度经历了长期的调整和改革过程，法律至上的信念使美国不断通过立法手段来加强对于文职人员的管理。在国家法律授权范围内，国防部层面颁布行政指令，各军兵种、战区颁布文职人员管理条令条例、规章制度和实施细则，这些制度管理全面、系统、具体、可操作性强，依法保障了文职人员各项权利，规定了文职人员应履行的义务和遵守的规定。1883年《文职人员制度改革法》，即《彭尔顿法》的生效，是警宪部队正式建立现代意义文职人员制度的标志，为警宪文职人员制度发展奠定了法律基础，确立了以"功绩制"为核心的文职人员制度。《妇女选举权修正案》（1920年）开启了警宪女性文职人员的历史时代，截至2013年，国防部文职人员中女性占34.1%。[1] 截至2016年10月，空军中女性文职人员达31602人，占全部文职人员的37.84%。[2]《文职人员退休法》（1920年）对警宪部队文职人员退休制度、退休金和其他福利待遇做出明确规定。

《国家社会保障法》（1940年）明确了"功绩制"的适用范围。《工作考核法》（《绩效考核法》，1950年）规定了美国警宪部队文职人员考核的方法、标准与机制。《文职人员奖励法》（1954年）建立了以奖金和荣誉激励文职人员提高工作效率的制度。《文职人员改革法》（1978年）第一次以法律形式确立了文职人员管理制度应该遵循的九条"功绩制"原则，明确了文职人员公平竞争、平等、薪酬、教育培训等原则。《平等机会法案》（1972年）禁止因种族、信仰、肤色或民族等原因对文职人员进行就业歧视；陆军以此为基础制定了陆军条令AR690-12

---

[1] Resource：2013OPM data for DOD and 2013 ACS data for the CLF [EB/OL]. [2019-03-02].
[2] Resource：Civilian Demographics [EB/OL]. [2019-02-22].

《平等就业机会计划和多样性》（2016年12月修订）以及 AR690-600《平等就业机会歧视投诉》，以确保就业平等。海军海上系统司令部发布《文职人员职业机会均等计划管理》等一系列指令。健全的文职人员法律体系使警宪部队文职人员在招聘、雇用、职位分类、晋升、薪酬、培训、休假以及退休等方面都有法可依，对文职人员进行全面保障，吸引大量优秀人才服务于警宪部队，并极大激发了其工作积极性。

四、聚焦文职人员能力建设

美军警宪部队"基于能力"的建设理念，要求其要重视确定性威胁，着力聚焦不确定性威胁，"在复杂世界中打赢战争"成为建设未来警宪部队的基础概念。如新版《陆军作战概念》指出，未来陆军（陆军实行"全陆军"政策，因此书中的陆军即包含了陆军国民警卫队、陆军宪兵等警宪部队）作为联合部队的重要组成部分，不仅必须具备应对可预测到的极具威胁的挑战，还要能够灵活应对始料不及的威胁。陆军国民警卫队主任在《时刻准备应对新威胁、新战场》中指出，展望2025年国民警卫队，其目标是时刻准备着，以期带领美国陆军国民警卫队（ARNG）随时应对未来不可预期的威胁，并努力实现在未来统一地面全谱行动中占据主导地位。[1] 同时，警宪部队也注重面向未来长远发展的能力。他们认为，在未来复杂的战争环境中，常规、非常规和混合战略都会被敌人运用，以追求战略、战术优势，因此部队必须保持高度战备、具有敏锐的态势感知能力及分析能力，并基于此确定自身应具备的战斗与防御能力，规划部队发展，以长远建设带动当前建设。"基于能力"的文职队伍建设是部队整体建设的关键环节。当前，美军警宪部队大力推进警宪部队现代化、信息化建设，积极占据新军事革命制高点，牢牢把握智能化无人系统发展，重视网络作战力量，积极发展空间作战力量，推进导弹防御体系建设，发展核威慑力量，每一项发展都离不开人的能力发展。为了培养人才，美军重塑陆军大学教育体系，最大限度提供受教育机会，及时识别和更好地培养人才。警宪部队积极创新并参与美军

---

[1] *The Army Green Book*, US Army Association, 2016.

各类项目，如国防部，陆、海、空、海军陆战队各军种，以及国土安全局均有领导人才管理项目，以此开阔文职人员的视野，大力增强文职人员领导力水平，提升文职人员队伍的军事职业化水平，为未来圆满完成被赋予的使命打下基础。海岸警卫队学院还专门设有领导能力与管理系。警宪部队也注重培养文职人员作战能力，组织文职人员大量参与实战化训练及演习。文职人员在抢险救灾、平息骚乱、维护社会治安、反恐怖主义、人道主义救助、海防、维护港口安全甚至战区安全协助行动等方面都展现了突出的能力。

人是战斗力量之核心，人才培养和提高是武警部队长远发展的力量源泉。始终把人放在优先发展的位置，着重培养文职人员多方面能力如较强的岗位能力、专业能力、任务遂行能力、基本军事能力、合作能力、创新能力，能为武警部队发展提供强大支撑。充分利用完备的教育体系及其他优势，建立与实行一套清晰的能力培养战略，构建更完善的能力培养机制，能大力提升文职人员队伍的全方位能力素质，进而建设一支训练有素、技能精湛、善于创新的高素质文职力量。

第二章

组织创新的俄罗斯警宪部队文职人员制度建设

俄罗斯警宪部队①是指负责俄联邦境内安全事务的五支武装力量，分别是：担负俄国内反恐任务、戍边及海岸警卫任务的联邦安全局（Федеральная служба безопасности РФ）及边防部队，担负保卫任务的联邦警卫局（Федеральная служба охраны РФ），负责维护社会秩序的内务部（Министерство внутренних дел РФ），肩负打击恐怖主义和有组织犯罪重任、负责海外安保、境外反恐的国民卫队（Войска национальной гвардии РФ），承担抗灾救援任务的紧急情况部（МЧС России）及救援部队。2018年，俄罗斯国民卫队改建完成，标志着俄罗斯警宪部队的全部力量已实现了既定的现代化转型目标。这场以组织形态为落脚点的创新变革，是俄罗斯警宪部队在新形势下加快军事转型、提升作战效能的必然道路，也是信息化、智能化战争模式对警宪部队现代化的必然要求。在军事技术与军事装备快速发展的今天，俄罗斯警宪部队组织形态的结构调整与制度完善同样与时俱进，是维护俄罗斯人民利益、保护俄联邦国家安全不可替代的重要力量。

警宪部队文职人员是俄罗斯警宪部队军事人员的组成部分。当前，

---

① 本书中首次使用"警宪部队"一词代指担负俄罗斯联邦境内安全事务、负责国内安保、执勤、处突、反恐、戍边、海警、抗灾救援的多支部队总称。目前俄国内暂无对这类职能部队的总称，一些文献中称之为"其他部队"。俄罗斯警宪部队所涵盖的部队职能与中华人民共和国武装警察部队的任务职能有相似之处。

警宪部队面对的社会安全风险与挑战增多，文职人员作为军事服务人员的重要组成部分，在工程技术、医疗护理、后勤管理、教学科研等岗位发挥着举足轻重的作用。进入新时期，俄罗斯警宪部队文职人员制度建设继续发展和完善，通过进行文职人员组织形态改革，充分激发文职人员的自身潜力和协同配合的机制活力，对警宪部队重塑军事力量、拓展部队职能、推进现代化转型具有积极的促进作用。

第一节 俄罗斯警宪部队文职人员制度发展历程

在俄罗斯，文职人员这一名称始于1996年，俄罗斯国防部颁布的《关于深化俄联邦武装力量劳动法律关系的措施》正式确立其法定地位和具体内涵。然而，文职人员这一身份和职能并非从1996年才开始出现，它的前身可追溯至20世纪20年代的苏联红军时期。纵览文职人员几个历史发展时期，时间跨度超过一个世纪，依次包括：（1）"非军职人员"制度时期（1918—1991年）；（2）文职人员制度完善时期（1992—1999年）；（3）文职人员制度改革时期（2000—2008年）；（4）文职人员制度现代化时期（2009—2020年）。这4个发展阶段的划分标志是具有重大历史意义的军事政治事件。这说明，国家安全形势、社会政治变革和军事现代化发展已经深刻融入文职人员制度的构建和变化中。也就是说，俄罗斯不同时期的国情军情以强大的内动力助推文职人员建设，使俄罗斯文职人员制度呈现出鲜明的时代特色。俄罗斯文职人员建设跨越100年，传承优良的结构基因，承前启后、源源不断地为俄罗斯武装力量和警宪部队发展提供人才资源。

需要指出的是，从俄罗斯联邦国体军制、俄罗斯国防部领导指挥体制、警宪部队管理机制的运行模式以及文职人员法律地位和身份属性来看，俄罗斯警宪部队文职人员制度与俄罗斯武装力量文职人员制度一脉相承，并行实施。俄罗斯警宪部队文职人员统一受俄罗斯国防部指挥领导，服从各警宪部队领导层的管理委任，是警宪部队军事人员建设发展的重要组成部分。

一、"非军职人员"制度时期（1918—1991 年）

20 世纪 20 年代前后，苏军的非军职人员在军中开始承担军事保障和服务任务。1918 年和 1922 年，苏军发布两项劳动法。这标志着苏军开始实行非军职职工制度。1924 年，正式被称为武装力量的非军职人员（Вольнонаёмный персонал вооружённых сил）。非军职人员在部队机关和组织内担任工人或职工，与部队签署劳动合同，要求他们具备专业技术技能和合格的身体素质，每年要为他们组织技能鉴定考试和体检。非军职人员按照劳动法、岗位职责、条令条例进行部队日常工作，任职于苏军所有军事机构中，包括国防部、科教医机构、保障维修部队，既承担非军职的任务，也承担列兵和年轻指挥官的职责，还可担任现役军人的部门领导，执行任务时亦可携带武器装备。经过十几年的发展，非军职人员在第二次世界大战中与现役军人一同英勇战斗，牺牲巨大。非军职人员制度在苏军中贯彻实施直至苏联解体，为苏联军队发展壮大、遂行使命任务发挥了重要作用。虽然苏军的非军职人员在历史时期、体制机制方面有独特性，但他们依然是俄罗斯警宪部队文职人员的前身，其所传承的文职人员职能任务和军事传统为未来文职人员的改革发展和潜力发掘打下了坚实的基础。

二、文职人员制度完善时期（1992—1999 年）

苏联解体后，由于国家政治经济生活发生剧烈震荡，非军职人员的身份地位未能及时得到俄联邦国防部的认可，待遇保障一度难以为继，无法维持正常生活。俄罗斯联邦建立后，叶利钦总统将西方国家军事管理理念融入俄罗斯军队建设中，俄国防部于 1996 年发布《关于深化俄联邦武装力量劳动法律关系的措施》，首次正式将在部队工作的非军职人员更名为文职人员（гражданский персонал）。该措施规定，文职人员为俄武装力量军事人员的组成部分，既不同于在武装力量各岗位上任职的联邦国家公务员，也不同于俄联邦权力执行机关下属军事单位中的国家公务员，首次将文职人员的身份、地位、职能以法律的形式加以确定。1996 年颁布的俄联邦《国防法》规定，现役军人和文职人员均属俄联邦武装力量军事人员。文职人员总数约为88万,任职于俄武装力量军事机关、兵团、部队和其他军事单位。《文职人员劳动规定》指出,文职人员既可以是俄联邦公民,也可是外国公民。他们与部队人事部门签订劳动合同,依照专业或职业能力确认其工作或具体职能,保障部队既定任务得以顺利完成。①

三、文职人员制度改革时期(2000—2008年)

20世纪90年代末到本世纪初,俄罗斯警宪部队文职人员的职业能力和专业水平与西方国家警宪部队文职人员的差距进一步拉大,严重影响了文职人员队伍发展和部队遂行任务的成效。2000年,普京成为俄罗斯总统,一系列军事领域的"坏消息",如俄核潜艇"库尔斯克"号沉没、美国"9·11"恐怖袭击、俄罗斯人质解救事件使俄军事领导层意识到已到了内外交困、不得不变的关键时期。② 普京在上任之初,就对担负国内防务、维护社会稳定职责的警宪部队进行了大规模军事改革,他裁撤合并机构和人员,收归领导指挥权限。警宪部队通过一系列改革措施,构建起自身的文职人员队伍体系,制定新时期文职人员的政策法规、管理体制、结构编制、保障待遇。2002年,俄联邦《劳动法》正式生效。根据俄总统和国防部的命令,文职人员的职能任务、工作权限、权益权力应结合联邦《劳动法》《国家公务法》、各州法律法规及总统、国防部命令确定,例如《关于军人和文职人员参与维护或重建国际和平稳定的授权程序》《俄联邦武装力量军人条令条例》等,③ 为文职人员队伍的各项建设和遂行任务提供国家层面的政策保障。然而,几年大刀阔斧的改革并未有效解决制约警宪部队战斗力水平提升的结构性矛盾和深层问题,加之国际局势波诡云谲,国内人心思变,在诸多不稳定因素的影响下,警宪部队文职人员制度改革收效甚微。

---

① Ковалев В. И. Все о труде гражданского персонала Вооруженных Сил Российской Федерации. Справочное пособие. Серия 《Право в Вооруженных Силах — консультант》[M]. Москва:《За права военнослужащих》, 2009.
② 张桂芬:《俄罗斯"新面貌"军事改革研究》,国防大学出版社2016年版。
③ Приказ министра обороны Российской Федерации, 2014 - 04 - 17, №222.

四、文职人员制度现代化时期（2009—2020年）

2008年8月俄格冲突爆发，俄罗斯虽获得最终胜利，但指挥体制低效、部队缺乏机动性、装备及人员素质落后等问题已暴露无遗，其与西方大国在军事水平和作战能力上的差距逐步拉大。2008年10月俄罗斯全面开展"新面貌"军事改革，从领导体制、组织编制、人员结构到武器装备现代化和军事制造业创新，几乎覆盖了俄罗斯军事建设的所有领域，旨在解决制约部队战斗力水平提升的结构性矛盾和深层问题，使军队从机械化战争模式向信息化模式转型，助其恢复军事强国的地位和权威。在这场涉及各军种、全要素的重大改革中，担负俄国内反恐任务、戍边及海岸警卫任务的联邦安全局，担负保卫任务的联邦警卫局，负责维护社会秩序的内务部，承担抗灾救援任务的紧急情况部（注：俄联邦内务部于2016年改组，之后成立俄罗斯国民卫队）顺应改革大势，通过一系列撤编、改组，在文职人员军事理论、政策法规、组织编制、管理体制、人员素质等领域进行了全面的现代化改革，警宪部队文职人员队伍的运行模式更加高效稳定，文职人员的能力和结构更加灵活、机动，整体作战能力得到有效提升。

随着国际局势向反恐聚焦，世界军事形势向信息化联合作战转型，俄罗斯警宪部队文职人员队伍也调整建设步伐，以符合时代特征和部队需求的组织形态为导向推进各项改革措施落地。2018年俄罗斯国民卫队改组完成，标志着警宪部队文职人员的组织形态调整阶段性结束。改革后的警宪部队文职人员突出了现代化军队组织形态的优势，在军事政策、编制体制、人员结构上发生了根本性蜕变，从而更好地适应新军事变革的发展和需求，更好地引领武器装备现代化的步伐，更好地发挥维护社会及国家稳定的基石作用。警宪部队文职人员作为承担军队辅助性职能的军事人员，在制度建设层面进行了科学的创新尝试，呈现出新军事变革下军事大国的军事理念和优势特点，其组织形态现代化改革对提升人员素质、部队运行效率军事作战效能有明显的助益作用。

此外，为进一步加强文职人员队伍建设和监督文职人员政策措施的落实，文职人员工会每三年与俄国防部签署行业协议，针对文职人员的法律地位、劳动关系、权责任务、行业标准、职业提升、社会保障、劳动保护、医疗救护、特殊保障等多方面详细规定雇佣单位承担的义务，明确文职人员享有的权利，全面提升警宪部队文职人员制度建设的层次和牢固扎紧社会监督的制度藩篱。

可以说，俄罗斯警宪部队文职人员的历史发展跨越百年，几经变革，在曲折进步中呈现出两方面的鲜明特点：一方面，警宪部队文职人员制度的改革轨迹展示出历史传承性和时代独特性：文职人员的职能作用和发展潜力在不同时期受到不同程度的重视；俄罗斯警宪部队内部实行统

非军职人员制度时期（1918—1991年）	
ВОЛЬНОНАЁМНЫЙ ПЕРСОНАЛ 非军职人员	文职人员担任工人或职工；与部队签署劳动合同；可携带武器；担任部队领导；参与作战任务；是警宪部队文职人员的前身

⬇

文职人员制度完善时期（1992—1999年）	
ГРАЖДАНСКИЙ ПЕРСОНАЛ 文职人员	文职人员是军队人员的组成部分；与部队签署劳动合同；军事辅助性职能；不直接参战；军队服务工作

⬇

文职人员制度改革时期（2000—2008年）	
ГРАЖДАНСКИЙ ПЕРСОНАЛ 文职人员	国际国内形势变幻莫测，文职人员能力水平落后；对警宪部队进行改组，对警宪部队文职人员进行结构、体系、权益改革

⬇

文职人员制度现代化时期（2009—2020年）	
ГРАЖДАНСКИЙ ПЕРСОНАЛ 文职人员	在俄军"新面貌"改革框架下对警宪部队文职人员进行以组织形态现代化为主的军事政策、编制体制、人员结构改革，保证部队作战效能的发展

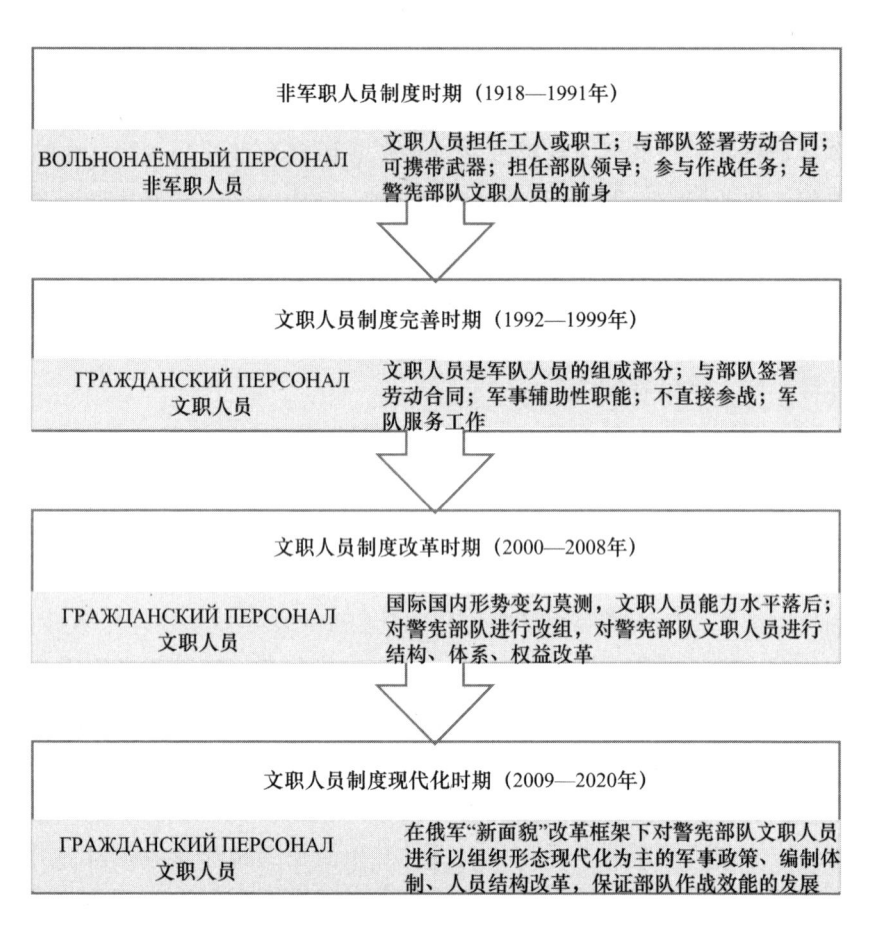

图 2—1　俄罗斯警宪部队文职人员制度发展图示

资料来源：http://wikiredia.ru/wiki/Гpamgahchuй-nepcohal.

一的文职人员政策制度,其改革调整始终与现役军人同步实行。这是警宪部队建设的优良传统和宝贵经验。另一方面,军队组织形态现代化是实现军队现代化的重要组成部分,没有军队组织形态的现代化,就没有国防和军队的现代化。俄罗斯军事变革引领文职人员组织形态改革导向,警宪部队现代化建设助推文职人员组织形态朝着更符合部队作战需求和职能任务的方向发展,以组织形态现代化为起点和归宿的创新改革依然是进行时,其与警宪部队现代化改革同步扎实推进。

第二节 俄罗斯警宪部队文职人员制度建设实践

俄罗斯警宪部队文职人员制度经过长期发展,在建立、完善、改革和现代化进程中,形成一套较为完备的、精细的、动态的文职人员多模态体系,在文职人员分类情况、职能任务、聘用考核、福利待遇、管理体系和改革实践方面呈现出独特的制度特点,充分彰显出新军事发展的导向目标和为战服务的集中优势。警宪部队文职人员组织形态现代化改革是其文职人员制度建设实践的重要着力点,它承接了文职人员制度建设和形成的丰硕成果,并将进一步引导文职人员制度向法制规范、体制灵活、人才集优的方向发展。

一、俄罗斯警宪部队文职人员的分类情况

根据签订劳动合同来划分,警宪部队文职人员分为两类:一类是与部队行政机关直接签署劳动合同的人员。大部分文职人员不是国家公务员,而是根据劳动法与部队签订劳动合同,由所属部队签发文职人员入职命令,根据文职人员的专业、岗位和等级确定职责和工资,为文职人员提供福利补贴、社会保险等保障措施。另一类是联邦国家公务员,由联邦机构与部队行政机关根据劳动协议派遣至部队工作,在警宪部队国家公务岗位上负责文职事务。

根据工作地域划分,警宪部队文职人员分为三类:普通地域文职人员、北方边境及特殊地区工作的文职人员、境外工作文职人员。这三类人员在基本劳动条件方面存在巨大差异,包括工作地点、劳动职能、工作时间、薪金条件、休假机制等，尤其是在原苏联领土范围内执行境外军事辅助工作的文职人员，其军事存在对于部队整体发展意义重大。

根据合同期限划分，警宪部队文职人员分为两类：定期文职人员和不定期文职人员。定期文职人员是指在一定时期或任务期限后即终止劳动合同，文职人员有责任在规定期限内为部队服务。而大部分文职人员为不定期文职人员，他们签署的劳动合同没有明确的时间限制，直到文职人员或用人单位不再续签劳动合同，劳动关系即为终止。

二、俄罗斯警宪部队文职人员的职能任务

文职人员在部队中的工作通常为辅助性职能任务，主要根据联邦劳动法、国家公务法、各州法律法规及总统、国防部的命令执行，以有效支援部队的战备，提升部队战斗力。文职人员不直接参与作战行动，但在必要时可参与或替换战备执勤，而其具体能被代替的岗位目录则由俄国防部确定。其任务范围主要包括：医疗、日常服务、技术及资料维护、维修、文体等服务性工作。文职人员可担任俄海外安保和联合反恐中的军事保障任务，这是警宪部队使命任务扩展对文职人员职能扩充的新要求。文职人员队伍由俄国防部统一领导、统一调配，与现役人员协同配合。目前，俄军领导层中职位最高、级别最高的文职人员是塔季扬娜·维克多罗夫娜·舍夫措娃，她于2010年担任俄国防部副部长，并晋升为一等国家文官，该等级相当于俄军大将军衔，主要负责俄罗斯武装力量的财政预算及支出的工作。

俄联邦安全局及边防部队。文职人员在俄联邦安全局及边防部队中约有2万人，他们为打击俄国内大规模有组织犯罪和恐怖活动，维护国家内部及边境安全，执行海上警卫巡防等任务提供技术保障、装备维修和日常军事服务。

俄联邦警卫局。文职人员在俄联邦警卫局中约有3000人，主要为保卫国家领导、为国家领导保密通信等任务提供技术及资料维护。

俄罗斯国民卫队。文职人员在俄罗斯国民卫队中占比为40%，主要为维护俄罗斯国家安全和社会稳定，担负重大节庆活动和大型活动的技术后勤保障、监管武器运输，俄与联盟国家、中亚国家、上海合作组织

成员国进行联合反恐训练、演习和执行境外反恐任务[①]的医疗救护、技术维护、日常服务、文体活动的任务服务。

俄联邦紧急情况部。文职人员在俄联邦紧急情况部中共有17220人，在执行国家有关民防、消除自然和人为紧急情况、保障消防安全等任务中负责指挥、预警、管理、协同、陆地救援、空中救援、各类保障等。[②]

值得一提的是，由于国内政治、经济、社会诸因素相互交织，安全局势日趋复杂，突发事件及安保任务的形态不再单一、具有确定性，俄罗斯警宪部队的使命任务得到进一步扩展，文职人员的职能得到进一步扩充，在警宪部队跨部门合作机制背景下，文职人员承担海外安保和境外反恐中的联合保障任务，协调部门间联合作战，从而进一步完善文职人员职能任务体系。

三、俄罗斯警宪部队文职人员的聘用考核

（一）聘用退出机制

根据《俄联邦文职人员劳动规定》，警宪部队聘用的文职人员应符合以下要求：（1）年满18岁；（2）具备完成指定工作的健康情况和职业能力；（3）体检合格，通过测试确定能够承担相关体力劳动、专业活动以及使用武器射击。此后，经雇佣双方协商一致，签订（不）定期一式两份的书面劳动合同。如有特殊情况，应在文职人员入职3天内签署合同。文职人员入职后，一般要经历3个月的试用期，对于聘用至领导岗位的文职人员的试用期为6个月。

警宪部队文职人员的退岗应符合以下几种情形：（1）经雇佣双方协商一致，中止（不）定期劳动合同；（2）合同期届满；（3）文职人员（雇佣单位）提出终止合同申请；（4）文职人员调岗；（5）在工作条件改变、单位编制变动的情况下，文职人员拒绝续签合同；（6）法定医疗

[①] Кардаш. И. Л. Вопросы уставотворческой деятельности в войсках национальной гвардии Российской Федерации. Основные результаты и перспективы развития, Москва: Академический вестник войск национальной гвардии российской федерации, 2017（3）：3–7.

[②] 李抒音：《俄联邦军事基本情况（2016年版）》，军事科学出版社2016年版。

保障断供，文职人员拒绝转岗；（7）其他人力不可抗拒因素。文职人员的退岗流程包括：（1）书面申请通知用人单位，根据签署合同的不同种类提前一个月（文职人员提出退岗申请需提前两周书面报告）告知用人单位；（2）用人单位最晚于文职人员离职前一天向其出具终止劳动合同的证明，并结算工资。同时，警宪部队规定，各级领导应充分尊重文职人员因赡养父母、照顾病患和残疾人提出的调岗申请。对于残疾人、退休和怀孕的文职人员给予退岗的充分照顾，并及时为该岗位补充新的文职人员。

此外，还可聘用兼职文职人员任职于教辅、医疗、制药、文体等岗位。这类兼职文职人员依照俄罗斯法律需履行正式的入职手续，并且有权享受军事用人单位的相关待遇。例如，聘用时需出具学历文凭、专业技能等级证书，接受心理测验和劳动条件的考察；兼职人员的工作时间一天不超过4个小时，月工时不超过正常工时的一半（半月）；兼职时间超过半年，即可享受休假。离职或解聘时需提前两周通知劳动关系的另一方。

（二）考核评价方式

文职人员的考核实行全方位和覆盖式的考核制度。考核对象包括领导层、专家和专业技术人员。考核的基本原则是文职人员的职业等级和遂行任务成果，每名文职人员在考核前两周向直属领导述职并完成全面个人评价：（1）职业能力水平能否满足岗位需求；（2）工作态度和遂行任务情况；（3）上一年度工作成绩。考核由本单位的考核委员会对单位领导及下属人员依次进行，其结果分为三类：（1）符合岗位需求；（2）按照考核委员会要求一年后进行二次补充审核；（3）不符合岗位需求。考核委员会结合考核结果给予一定建议，建议内容包括提高或降低专业等级，调整工资薪级或有必要加强专业知识储备等。

文职人员在部队中应当严格遵守军事纪律和劳动纪律。对于工作成绩卓著的文职人员，可通过颁布嘉奖令，发放奖金、奖品、证书以及授予荣誉称号等方式进行鼓励。例如，为做出杰出贡献的文职人员颁发"劳动光荣"勋章和证书，并根据职级发放奖励工资。而对于违规违纪的情况，文职人员要承担违纪责任，并处以谈话、训诫、缴纳罚金、辞退等不同程度的处罚。针对承担物质责任，也就是在岗期间出现物资损失的情况，单位责成专人判定个人和集体责任，确定物质补偿流程。物质补偿通常以扣除相关人员工资的方式进行，但也明确规定了对扣除数目和范围的限制，从而有效保护相关责任人的正常生活不受严重影响。

图2—2　文职人员"劳动光荣"勋章

资料来源：http://onagradah.ru/medal-ministerstra-oborony-rf-za-trudovuyu-doblest-2/.

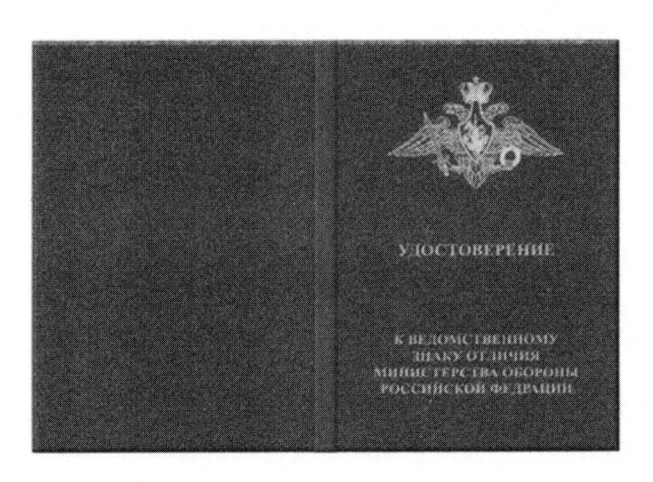

图2—3　文职人员"劳动光荣"证书

资料来源：http://onagradah.ru/medal-ministerstra-oborony-rf-za-trudovuyu-doblest-2/.

四、俄罗斯警宪部队文职人员的待遇福利

根据法律政策规定，文职人员享有劳动报酬补贴、保险福利、权益保护、岗位能力培训及部队任职人员的特殊待遇等权利。然而，由于在法律法规、劳动报酬、劳动职能特性、劳动保护和权责关系上的不同，文职人员与现役人员的福利保障存在一定差异，体现出文职人员的社会性和雇佣性。

（一）工作休假

文职人员的工作日时长与所在部队或机关的任务属性紧密相关。在机关从事文员工作的联邦国家公务员为五天工作制，周五16点45分下班，而在部队任职的文职人员则要根据具体情况实行五/六日工作制。根据工作条件还可实行无定额工时、不完全工时弹性工作制或倒班制。在军营工作的文职人员依法可按月工时或年工时来计算日工时量，在医院等特殊单位的日工时不应超过法定工时的上限。每年除国家法定假期外，文职人员享有带薪年假，既可提出延长年假或补充休假申请，也可办理停薪留职。

（二）工资补贴

文职人员的工资是其保障措施中最重要的部分，它以国家法定工资为基础，根据文职人员工资等级表确定具体数额，由国防部预算部门下属的文职人员基金发放。文职人员的工资具有以下4个特点：（1）根据工作地域和任务条件调整工资；（2）为年度优秀员工增发奖励工资、补贴和津贴；（3）有明确的工资增长制度；（4）根据单位属性（国防部中央机关、各部队、医院）确定文职人员工资。此外，补贴制度明确了不同任务条件下的发放情况，如职业进修保障、下部队和公务出差的补贴、异地换岗的补贴、农村地区生活补贴、执行任务的保障和补贴、在职提升学历的保障和补贴、退休文职人员及家庭的保障等，各种情况，不一而足。

（三）劳动保护

文职人员在部队任职过程中依法享有劳动保护。除了俄联邦《劳动

法》规定的相关保护内容外，为在条件不佳地区工作的文职人员实行特殊劳保政策；为跟踪清查生产事故的文职人员严格制定了工作流程，谨防意外发生；患有职业病的文职人员，可在军队医院确诊病情，并接受相关治疗和心理辅导。每名文职人员都应加入社会保险责任体系，为他们在生产中发生意外或患职业病等情况时提供保障，部队根据保险对象和种类确定保险范围及月均支付数额，在明确补贴用途和支付流程后为文职人员发放保险补贴。女文职人员、家庭有特殊情况和抚养未成年子女的文职人员家庭享有部队特惠权利：（1）文职人员享有劳动保护的补充保障；（2）怀孕、抚养未成年子女的文职人员的入职和退休享有额外保障；（3）文职人员的未成年子女享有就医、就学的特惠保障。文职人员的安置和退休与社会保障接轨，失业人员需进行人力资源的登记并享有社会救助。

（四）社会监督

俄国防部聘用文职人员依法受各方监督，以俄武装力量文职人员工会为代表的工会组织和其他协会与国防部签署集体合同和用人协议，以社会力量监督和约束用人单位的雇佣关系、管理制度和保障措施。该合同（协议）具备法律效力，对文职人员的体系结构、待遇保障、签署双方的权责义务、聘用退出机制等做出明确规定，提出文职人员未来发展计划，关注青年文职人员的职业前景和退休文职人员的生活保障，在争取待遇、反映诉求、维护权益等方面发挥了重要作用。俄武装力量文职人员工会是社会监督方面的合作伙伴，其与警宪部队用人单位和文职人员构成稳定的三角力量体系，促进警宪部队文职人员制度发展平稳推进。

五、俄罗斯警宪部队文职人员的管理体系

俄罗斯警宪部队对文职人员实行分类管理制度。不同类型文职人员执行不同管理标准，按照不同权限，分别由国防部各总局和中央局局长、各军种总司令、军区和舰队司令、集团军司令、兵团和部队的指挥员负责牵头，以干部、法律、文职人员劳资部门、思想教育工作等单位负责人为主组成鉴定委员会，具体负责本单位不同系统、不同岗位文职人员

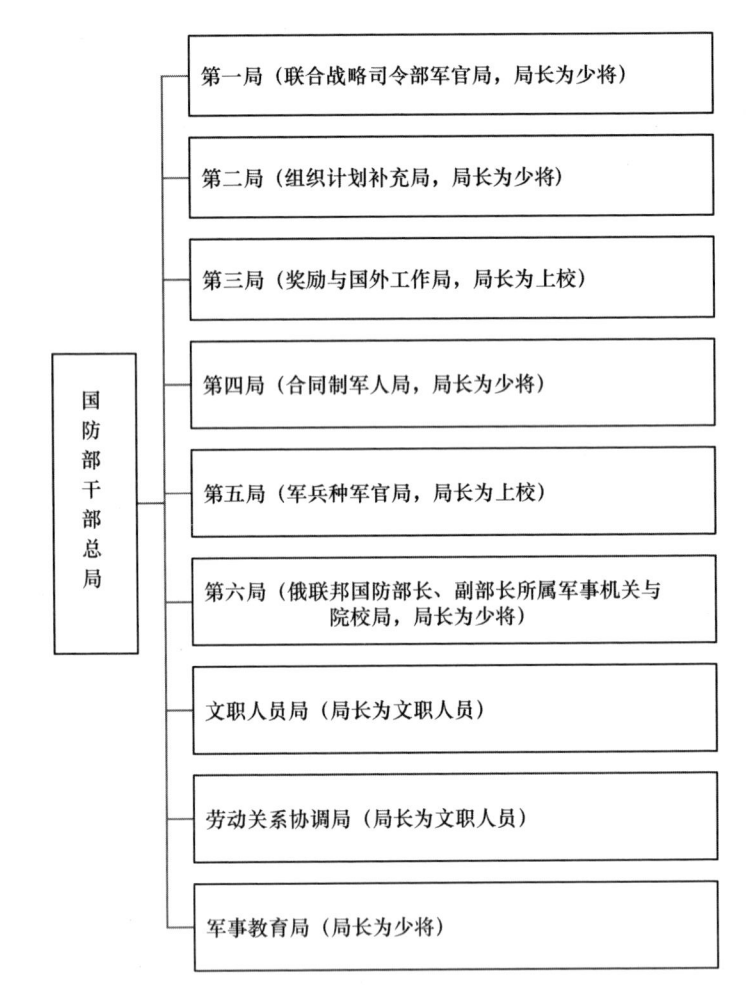

```
                    ┌─ 第一局（联合战略司令部军官局，局长为少将）
                    │
                    ├─ 第二局（组织计划补充局，局长为少将）
                    │
                    ├─ 第三局（奖励与国外工作局，局长为上校）
                    │
    国防部          ├─ 第四局（合同制军人局，局长为少将）
    干部总局        │
                    ├─ 第五局（军兵种军官局，局长为上校）
                    │
                    ├─ 第六局（俄联邦国防部长、副部长所属军事机关与
                    │         院校局，局长为少将）
                    │
                    ├─ 文职人员局（局长为文职人员）
                    │
                    ├─ 劳动关系协调局（局长为文职人员）
                    │
                    └─ 军事教育局（局长为少将）
```

图 2—4 俄武装力量军事人员管理体系

资料来源：http://www.mil.ru/.

的考察、录用、晋级和加薪等问题。①

俄罗斯警宪部队文职人员管理机构分为三级。第一级是国防部干部总局下设文职人员局，它是文职人员的中央管理机构，负责文职人员政策法规的制定，文职人员招募、选拔、晋升、任用、管理，以及组织文

---

① 郭建军、赵礼："世界主要国家军队文职人员管理体制现状"，《外国军事学术》2016年第6期。

职人员进行职业培训。总参谋部负责向国防部提出全军文职编制和担负军事职务的建议。第二级为警宪部队各部队干部管理机构下设的文职人员局，具体负责本单位文职人员的招募聘用、考察鉴定、级别晋升、调整任用等管理工作。第三级为各部队下属军事单位的文职人员处，是负责文职人员执行具体任务的专门管理机构。

俄罗斯《国防法》规定，警宪部队文职的最高编制数额由总统确定。俄罗斯警宪部队诸领导层，直接向总统负责，局长均为现役军人，根据职能任务的规模配备2—8名副局长，缩减行政管理资源所占据的空间，逐步向战略职能任务的制定和实施及跨部门间协同配合聚焦。文职人员指挥体制实行平战统一，即在任何时候均执行"总司令部—战区司令部—作战部队"的三级结构，极大地提升了管理运行效率和作战效率。在国际恐怖主义、极端主义势力威胁不断的今天，国际安全局势持续恶化，跨国有组织犯罪、网络犯罪和外国情报部门的侦查活动日趋活跃，针对平民的灾难性事件一再发生，维护国家安全和公民利益的要求迫在眉睫，因此警宪部队的一切资源均向维护稳定和安全的大局靠拢，文职人员与现役人员在统一的命令和任务中并行推进各自的使命，由前线指挥官统一汇集战情和军情，汇报至军事管理和决策层。

六、俄罗斯警宪部队文职人员的制度改革

俄罗斯警宪部队文职人员组织形态改革是完善警宪部队建设、实现俄军现代化改革的重要组成部分。俄罗斯国民卫队于2018年初完成改建工作，这标志着警宪部队的五支部队已全部完成组织形态改革，在领导指挥体制、编制结构、力量规模方面发生了根本性变革，进入全面推进武器装备现代化和军事人员素质能力提升阶段。2017年，国民卫队总司令佐洛托夫大将表示，占卫队总编制约40%的文职人员的改革工作也在积极有序的进行中，[1] 这对于国民卫队适应新形势下反恐作战和维稳安保需要、提升军事效益效率、完善联合作战指挥体制影响深远。由此看

---

[1] Терехов，Коряшкин. Главком Росгвардии：Граждане справедливо ждут от государства защиты，Интерфакс，2016 – 08 – 01.

出，文职人员作为警宪部队军事人员的组成部分，人数众多，作用凸显，进行组织形态改革顺应了军事发展大势。由于文职人员具有社会性和雇佣性的特点，对其进行组织形态改革的主要方向是健全政策法规、调整编制结构和优化保障措施。

（一）军事理论与时俱进，指引制度发展的方向

俄罗斯警宪部队文职人员建设所依据的主要理论原则是俄联邦军事学说。它统筹考虑当前军事建设的发展原则，是文职人员建设的理论基础和指导方针，保障军事安全的政治、法律基础，为军事行动指出基本的方向和原则。新版的军事学说于 2014 年年底颁布实施，这是俄罗斯独立以来的第四版军事学说，根据当前国际和地区局势的新变化对军事政策做了一定调整。考虑到政策连续性和改革进行时等动因，该军事学说一方面强调涵盖已实施的其他相关政策制度，如《2020 年前俄联邦长期社会—经济发展构想》《2020 年前俄联邦国家安全战略》《俄联邦对外政策构想》《2020 年前俄联邦海洋学说》《2020 年前俄联邦北极地区发展与国家安全战略保障》等战略规划文件中的相关原则；另一方面，该学说强调对于军事建设的指导性和灵活性，给予未来军事改革充分的发展空间。

俄联邦军事学说从警宪部队文职人员的军事政策、指挥管理机制、结构编成、保障体系、人员素质和对外合作等方面建立了基础性框架。军事学说指出：军事政策方面，完善文职人员的军事规划，提出明确的要求并坚定不移地落实执行。指挥管理方面，提高国家领导体系和军事指挥体系运行的有效性和安全性，提高军事组织的运行效率，完善警宪部队文职人员与其他军队、机构、联邦执行权力机关的协同行动。[①] 结构编成方面，强调军事组织各部分的结构、编成和数量应当符合平战任务的需求，同时完善警宪部队文职人员的力量结构，优化编制员额。针对保障体系建设，一方面，通过提供有效的军事—经济保障和足够的拨款、完善军事高等教育结构、为其配备现代化的教学物资基础，保障文

---

① 军事科学院外国军事研究部：《俄罗斯重要战略和军事文件汇编：俄联邦军事学说》，军事科学出版社 2015 年版。

职人员补充和训练方法,确保部队保持必要的补充、装备和保障程度,确保其训练保持在所需要的水平上;另一方面,在合理使用财政、物质和其他资源的基础上,整合和协调发展技术和其他保障体系,提高文职人员的社会保障水平。[1] 人员素质方面,提高武器、军事技术装备和特种技术装备的使用及维修体系的运行效率;完善军事教育和培养体系、干部培训体系和军事科学体系;提高干部培训和军事教育的质量,提高军事科研潜力。协同合作方面,保障俄联邦与外国的军事—政治和军事—技术合作;优先保证与上海合作组织成员国的军事—政治合作,为抵御共同出现的新军事危险和军事威胁协调努力,建立必要的规范性法律基础。[2] 新版俄联邦军事学说是为适应国家安全环境和战争形态的变化而做出的原则性调整。新学说对警宪部队文职人员的定位认识更加清晰,对文职人员建设的必要性判断更加明确,在指挥管理、结构编成和人员物资的保障体系等方面予以重视和政策倾斜。

(二)军事政策承前启后,规范制度发展的路径

20世纪20年代,苏联颁布了两项劳动法,确立了军队"非军职人员"的军事存在和职能任务。这两项劳动法的出台既是当时建设军队组织形态的必然措施,为保证战斗力、调整军队人员结构、优化资源配置铺石引路,也是未来"非军职人员"乃至文职人员这种人员类型合法存在的法律依据和来源所在。苏联解体后,俄联邦于20世纪90年代颁布的《国防法》《关于深化俄联邦武装力量劳动法律关系的措施》确立了文职人员的专属名称、地位属性、职级分类、员额数量、职能任务、职责权限、保障措施、奖惩制度等内容。俄国防部颁布的《俄联邦武装力量军人条令条例》规定了文职人员的军事纪律、劳动制度和行为准则。根据文职人员的劳动关系和社会属性,文职人员的权利义务、待遇保障、投诉建议、劳动纠纷、物资赔偿依照俄联邦颁布的《劳动法》《国家公务

---

[1] 军事科学院外国军事研究部:《俄罗斯重要战略和军事文件汇编:俄联邦军事学说》,军事科学出版社2015年版。

[2] 军事科学院外国军事研究部:《俄罗斯重要战略和军事文件汇编:俄联邦军事学说》,军事科学出版社2015年版。

法》等法律执行。2008年,警宪部队文职人员制度改革补充加入了"劳动规定"和"社会监督"板块,通过《文职人员劳动规定》和《2014—2016俄武装力量文职人员工会与俄罗斯国防部行业协议》《2017—2019俄武装力量文职人员工会与俄罗斯国民卫队行业协议》等合同,全方位确定文职人员制度结构、管理内容、社会保障、劳动保护、职业规划、教育培训等内容,进一步深化了警宪部队文职人员制度改革和文职人员组织形态建设。

通过梳理警宪部队文职人员政策法规的改革历程,可以发现以下几个特点:(1)统一性:俄武装力量文职人员不分军种、军区、内卫部队、管理机关或一线部队,统一采用文职人员相关政策法规,以相同的标准规定文职人员准入门槛,衡量文职人员的职业能力和专业技术,鉴定文职人员职业等级和工作绩效;(2)规范性:树立文职人员权威,规范文职人员行为,注重文职人员法律地位,强调其与现役军人的同等军事地位和特色职能;(3)全面性:从军队服务和社会保障两方面统筹考虑文职人员权益保护措施,实施全覆盖式的保障政策;(4)时效性:政策和法规一般为阶段性任务,便于及时调整文职人员相关规定,与时俱进地引领文职人员思想和行为的发展。

(三)人员编制以战为纲,创新结构重组的维度

军队组织形态改革的重要内容是体制编制改革,为了解决长期阻碍军队高效运行和潜能发挥的问题,通过研发新型武器、优化人员与武器的组合,以快速提升战斗力水平。一般来说,军事变革的发生以武器装备的更新为起点,技术及相关理念的进步促使军事人员依据不同作战任务形成新的力量编组和职能模块,从而实现武器与人员的最佳结合,促使战斗力从内向外突破增长。2018年俄国防部加快武器装备的研发和配装,一批新型、重型装备揭开神秘面纱,如新型超音速洲际导弹系统"先锋"和重型洲际导弹系统"萨尔玛特"试射成功,超音速系统"匕首"和激光武器"破晓"列装部队。[①] 俄总统普京在正式场合曾多次表

---

① Церемония представления офицеров, назначенных на высшие командные должности, Президент России, 2019 – 04 – 11.

示,信息化体系和智能化武器是俄军装备改革的优先方向,激光武器、军用人工智能决定着俄军 21 世纪的战斗力。武器装备更新换代显示出现代战争已朝着速战速决、机动性强、高效武器毁伤目标程度高的方向推进,要求军队人员力量编制以合理的规模适应部队"机动性、常备性、高科技、自动化"的作战需求和信息化、智能型武装冲突的特点。

警宪部队现行的现役军人与文职人员比例为 5∶4。部队中文职人员的战备程度高,专业技能扎实,在生活、运输、维修、医疗、建筑与工程、通信、武器系统等方面与现役军人紧密结合,并且深度融入行政管理、科学研究、组织保障等辅助性工作,形成新型的联合作战保障体系。同时,根据武器装备配给水平和技术资源更新条件,进一步加强文职人员与技术装备结合重组的能力,拓展与现役军人、其他军队联合执行遂行任务必备的技能,满足部队训练、演习、作战等多种条件下对文职人员职业能力的要求。此外,将拥有科技前沿知识的人才纳入文职人员体系,编入网络战等新型战争形态中,其与现役军人的合作能够进一步加强专业技术力量,全面保障作战效能。[1]

(四)保障措施结合现实,优化制度落实的手段

首先,着力解决文职人员反应强烈、阻碍队伍建设发展的保障性问题,如文职人员的住房问题。根据地域、岗位、人员属性、家庭情况灵活实行住房政策,为有需要、有困难的文职人员改善居住情况,为特殊岗位、异地分居的文职人员实行特需条款,以及为文职人员提供子女属地就学、就医等后续性优惠保障。

其次,积极做好文职人员心理精神疏导和保障工作。文职人员虽不直接参战,但要承担部队演习、军事训练等非作战任务的保障工作,而战场环境、武器装备、军事强度可能都会引起文职人员心理和身体的不适应。部队管理层应定期与文职人员进行谈心交心、听取思想汇报等,了解他们的真实想法和诉求,有的放矢地做好心理辅导,并为其安心军

---

[1] 军事科学院外国军事研究部:《俄罗斯重要战略和军事文件汇编:2020 年前俄联邦武装力量社会发展战略》,军事科学出版社 2015 年版。

事服务提供法律支持和物质保障。①

最后,针对文职人员在岗培训和再教育,落实文职人员军事职业培训政策,通过军民融合等手段和职业等级鉴定、与考核挂钩等多种有效机制激励文职人员参与军事职业教育。建立终身学习体系,② 这样既能优化军事教育资源,提高培养效率,又能使地方人员快速了解军队、融入军队,在共同支持军事活动的过程中树立军队威信,获得民众理解。

表 2—1　俄罗斯警宪部队文职人员组织形态改革对比

	人员规模	结构编成	保障条款	政策法规
原文职人员制度	约 17 万人	以机械型模式为主	5 项	少于 10 件
改革后的文职人员制度	约 30 万人	以信息化、智能化的精细专业编成为主	10 大项 22 小项	超过 15 件

资料来源:http://ru.b-ok.cc/book/3139468/eabob4.

第三节　可以学习借鉴的经验做法

俄罗斯警宪部队文职人员制度建设,是警宪部队优化部队编制结构、完善军事组织体系的基础性工作,这一改革措施有效提升了警宪部队应对现实挑战威胁的能力和履行使命任务的效率。在国际安全局势动荡不安、国内政治经济形势严峻的背景下,警宪部队在军事政策、人员结构、待遇保障方面所做的组织形态改革,反映出其在政策制度创新、运行方式升级、人员结构优化方面的改革决心。这为快速有效提高作战效能提供了坚强保障,对于提升遂行任务质量、维护国家及政权稳定都有举足轻重的意义。

警宪部队文职人员制度建设过程中也不乏一些教训,主要包括三个

---

① Церемония представления офицеров, назначенных на высшие командные должности, Президент России, 2019-04-11.
② 黄献国、陈美:"着眼文职人员队伍特点,提升人才培养使用效益",《解放军报》2018年第8期。

方面：（1）改革前期缺乏统筹规划，缺少长效机制和稳定政策。军事改革关乎国家国防安全和民族前途使命，必须将国家意志、军事要求、保障措施形成定制，既保证文职人员在改革过渡时期仍能执行合法的军事行动，又将理论导向运用于实践中，合理进行人员结构调整、职能调整和保障措施的完善。（2）人员素质参差不齐，人员能力提升缓慢。当前国际局势风云变幻，挑战威胁接连不断，打击恐怖主义、极端主义、新纳粹主义势力的使命愈加紧迫，文职人员必须加强自身执行保障任务的专业素质和职业能力，维护国家安全防御体系，投入武器装备更新、资源配置升级的改革之中，整体重构警宪部队文职人员结构分布。（3）基本待遇落差大，保障措施难落实。文职人员与现役军人的待遇水平差别过大，严重挫伤文职人员的工作积极性和职业认可度。改革前期，文职人员管理部门对文职人员住房、社会保险、工资和补贴增长制度等调整反应缓慢，对文职人员转改合同制军人的原则和方案难以落实。

俄罗斯警宪部队在立足本国国情军情和分析文职人员群体特征的基础上，开启了以组织形态现代化为主的历史性军事改革，为提升部队战斗力取得切实有效的成果，对警宪部队的长远发展将产生深刻的影响，[①]也为文职人员制度建设提供了参考和借鉴。

一、立足国情军情是文职人员制度建设的基础

俄罗斯地域辽阔，需要一支庞大的警宪部队来保障国内的安全稳定。近年来，国际国内形势波诡云谲，警宪部队的服役人数和财政预算成为阻碍部队发展的主要因素。自 20 世纪 90 年代苏联解体后，俄罗斯人口逐年减少，出生率低，人口老龄化趋势已成为俄国内最严重的社会问题。每年，总统普京在俄联邦国情咨文中都将人口数量稳定并回升作为俄国家安全战略的首要问题加以强调。人口因素对军队补充员额的质量和数量产生了较大影响，具有劳动能力（15—64 岁）的俄罗斯公民数量减少，俄罗斯适龄青年的身体素质也不容乐观，俄罗斯在进行服役时间改

---

① 王新宇、黄永强："着眼军民深度融合发展，确立文职人员队伍建设工作体系"，《解放军报》2018 年第 7 期。

革时将兵役时间从 18 个月调整至 12 个月，以此减少人口形势产生的不利影响。同时，财政问题也是俄罗斯军政发展的主要掣肘因素。维持武装力量所需的人力、财力消耗巨大。众所周知，俄罗斯对外出口石油天

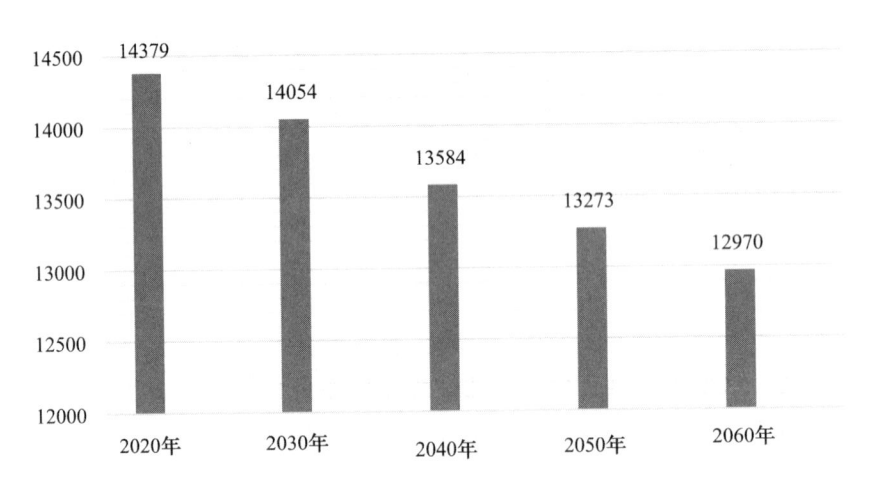

图 2—5 2020—2060 年俄罗斯人口数量预测（单位：万人）

资料来源：http：//www.statdata.ru/russia.

然气所获收入是俄财政的主要资金来源。然而，俄国防军工研发和武器更迭处在现代化改革的关键节点，连年耗费巨大；同时，美国对俄进行经济制裁，国内居民对生活保障和社会服务的要求不断提高，内外形势使俄财政陷入入不敷出的尴尬境地。这两方面的因素使俄国防部和政策制定部门必须立足本国国情军情，审时度势地制定文职人员保障制度，既使军队人员享有较高水平的社会保障，又突出其地位的特殊性，让他们安心为国家军队服务甚至牺牲。[1]

世界军事发展已进入新时期，只有与时俱进地对文职人员组织形态进行调整，才能保证结构体系、体制机制得以重塑，进一步释放改革效能，解决制度建设和协同作战中的种种问题。西方军事大国在文职人员制度建设方面开展较早，积累了不少成功经验，也有沉痛的教训。俄罗

---

[1] 阿列克谢·盖代：《俄罗斯新军队》，辽宁大学出版社 2013 年版。

斯在改革进程中照搬西方经验，缺乏战略指导，导致一些领域尚存改革措施不彻底、不完善的问题。因此，俄罗斯警宪部队，一方面通过加强对外国军队文职人员制度的研究力度，从中吸取经验教训，在比较借鉴中汲取精华补己之短；另一方面，将本国地缘政治和安全环境融入组织形态改革中，科学分析军事危险和潜在威胁，统筹规划文职人员制度的原则基础和发展方向，以一以贯之的态度和措施推进文职人员组织形态改革，审时度势地进行反思和调整，确保文职人员队伍稳定发展。俄罗斯警宪部队文职人员组织形态改革的实践表明，只有坚持立足本国国情，按照本国军队历史发展和结构特征完善组织形态建设，合理借鉴他国改革经验，科学规划改革进程，不走激进改革和"试错"改革的道路，才能建立符合自身特色的文职人员制度。

首先，文职人员具有社会雇佣性和军队服务性的双重身份属性，国家法律和军事政策文件及命令是对文职人员的法律地位、指挥管理、权责义务、劳动保护、待遇保障、建设发展等进行的全面制度化规范。文职人员的选聘、培养、专业技能和职业发展与社会经济发展密不可分，因此文职人员制度建设应考虑到军事标准的统一性、社会生活的多样性、地域风俗的差异性和职业规划的多元性，以此为依据规划并实施调整。其次，随着警宪部队职能任务的进一步拓展，文职人员的使命任务也随之扩大。当前，文职人员执行遂行任务的原则是基于联合协同、平战一体的管理运行模式，在管理、行政、技术、科研、医疗、运输等军事服务领域集中优质人力资源，促进人才队伍的专业化、精干化和职业化，全面聚焦打仗，提升战斗力水平。按照联合作战体系和军地协调联动机制，急需完善在武器装备保障、军事科研、交通运输领域的跨部门、跨地域协作，加强制定具备长期稳定性和发展灵活性的政策制度，坚持在动态调整中推进改革进程。同时，部队也应对因社会局势和遂行任务变化发展而产生的对文职人员的全新职业要求和补充的待遇保障予以明确限定，让文职人员在履职尽责时有法可依、无后顾之忧。

二、有效提高战斗力是文职人员制度建设的目标

西方国家普遍遵循的基本建军原则认为，只要有利于军队建设，任

何部门都可以使用文职人员；只要是文职人员可担任的工作，尽量不使用军人。纵观近几年世界军事改革的发展，呈现出一种趋势——向压缩人员规模、调整力量编成、加强快反能力转型，各国军队通过科学合理的组织形态改革全方位提高战斗力。调整体制编制是组织形态改革的重点和难点，它的优劣直接影响部队战斗力的生成和改革措施的彻底实施。改革体制编制需要确立阶段性目标，稳健推进，使其最大限度地满足各军事要素和关系网络的利益，避免改革陷入停滞或引发巨大震荡。

当前，俄罗斯国内局势和国际环境日趋复杂。一方面，外国势力意图颠覆俄政权，大规模反政府示威游行、舆论攻击、经济封锁等行动的目的在于发动"颜色革命"，推动政权更迭。另一方面，经济下滑造成就业压力巨大，国民收入状况难以好转。同时，俄国内接连举办国际性赛事活动，如2014年索契冬奥会、2018年世界杯、东方经济论坛、国际北极论坛等，内外交织的复杂现实都要求负责境内安全稳定的警宪部队文职人员调整管理体制的运行模式，加强人员素质和专业能力，进一步提升战斗力水平，既能协助处理境外敌对势力对俄罗斯领土、政权、公民利益做出的损害行为，有效拱卫政权和总统的权威，又能维护大型活动秩序，保证社会安定，展示警宪部队文职人员的新面貌、新气象，提升俄的国际威望和民众信心。

以体制编制为重点的组织形态改革，不仅要拓展新型力量编成，以快速提升战斗力水平，还加强传统作战力量的优化转型，提高资源利用效率，①以便更有效地解决长期阻碍军队运行效率和潜能发挥的问题。通过组织形态改革，俄罗斯警宪部队打造了一支机动性强、职业度高的精英式常备部队，文职人员队伍作为全方位辅助部队建设和备战打仗的群体，在工程技术保障、医疗后勤管理、军事科研教学等多方面时刻围绕实战目标，深入挖掘自身潜力，完善知识体系，提升能力素质，构建起警宪部队独具特色的军事人力资源体系，以满足提升军事效能和作战能力需求。在俄罗斯警宪部队职能任务不断扩展的背景下，文职人员充沛的员额和合理的编制，既是保证警宪部队遂行执勤安保、反恐作战、打

---

① 申红心："把握军队组织形态现代化的内涵要义"，《人民网》2018年8月4日。

击有组织犯罪、境外反恐等各项任务的关键,也是文职人员参与境内外物资运输、工程维修、医疗救护等任务的基础要求。

值得重视的一点是,在组织形态改革过程中,警宪部队文职人员力量结构调整与现役军人的个人利益关系密切,其中牵涉退役、转改、调岗等诸多改革要素。一方面,将原本由现役军人任职的部分岗位分批转改为文职人员,例如担任乐团、宾馆、实验室、车间、档案室、体育队以及医疗、经济、环保、技术等部门的领导将转成文职人员;担任主任医师、高级会计师、总工程师、总教练、秘书、助教、翻译、部门助理、大学老师、高级技师等职位的专家转成文职人员。[①] 2016 年,仅俄国民卫队就批准了 63 个领域超过 60 个军官岗位转成文职人员岗位,在改革持续深化的背景下,这一措施的范围还将进一步扩大。另一方面,俄官方陆续出台了一系列规定,规范了文职人员的法定活动范围。例如文职人员不得代替直接参与军事行动策划、指挥、动员及保密工作的现役军人岗位等各种情况,不得配发武器等条款。这些规定明确了文职人员的权责与义务,在满足军事效益需求的基础上合理调整了军事人力资源的结构。

在信息时代,随着信息化武器装备的大量涌现,军队体制编制日益精干,军事专业分工越来越细,作战力量结构发生深刻变化。在信息化战争中,战争双方的较量将更加突出地表现为高素质军事人才的较量。立足于部队信息化发展和作战需要,警宪部队需要拥有与之职能任务相匹配的文职技术力量,因此打造一支具有创新能力的文职人员队伍是俄罗斯警宪部队的工作重点。文职人才应拥有复合型军事人才的能力,思维超前,紧跟当前形势,以信息技术和多学科专业知识为基础执行任务。因此,增强文职人员信息化素质,提升现代联合作战能力,需要综合协同各平台、各军种、各要素之间的功能,通过一体化、信息化的组织运作模式取得"结构质变"的效果,激发更大的作战潜力,打造强大的作战力量体系。

---

① Росгвардия предлагает заменить более 60 военных должностей гражданскими, Тасс, 2016 – 07 – 11.

文职人员信息化能力建设是提升警宪部队作战能力的重要指标。它既契合了当前军事发展趋势和科技革新水平，也是部队自身改革的内在需求。人类军事活动史表明，无论武器装备如何发展，人作为战争胜负的决定因素具有极其重要的作用。人的素质、技能、心理、观念是战斗力构成中最直接、最能动的因素，决定着人与武器结合的状况，决定着武器装备发挥作用的程度和水平。在推进信息化战争背景下，迫切需要增加文职人员的编制数量，调整现役军人与文职人员的编制结构，突出其作为新型军事人才力量组成部分的人员优势。扩大文职人员的使用范围，是保持军队活力和生命力、走向未来战争的深远战略，也是实现军队全面信息化的良好基础。

三、融合多方资源是文职人员制度建设的保障

完善文职人员保障体系，就是提高其生活质量，增强职业荣誉感、情感归属和社会威望，这是警宪部队文职人员保障制度建设的重点领域之一。在执行保障政策方面，警宪部队通过权责分明的责任机制、规范专业的考核评价机制、公开透明的奖惩晋升机制和精准高效的监察机制凸显文职人员的地位与作用，保证组织运行顺畅，使部队建设和个人发展相融合，使未来职业路径更加清晰。根据警宪部队文职人员保障制度的具体经验可以发现，推进文职人员社会保障体系建设，应当与完善军事职业教育体系和心理建设共同实施，通过加强顶层设计、优化资源配置、推进军地融合发展，构建按劳所得、按需分配的保障机制，重视进修、培训、学历升级的学术渠道，从而建立全覆盖、精细化、人文化为原则的社会保障制度和面向实战化、信息化的人才培养制度。

第一，完善工资、补贴、福利、奖励的浮动制度和条款。2018年，俄联邦深化文职人员薪资浮动制度的改革，以20%的年比例增长工资，2019年文职人员月收入达11946卢布（增长22.2%）。为女文职人员、边境及北部极端气候地区工作的文职人员、从事重体力劳动的文职人员增加补贴，减少工资所得税的比率。优化文职人员休息、休假制度，根据不同工种和等级灵活安排休假时间。通过与地方共同开发或向地方购买服务的方式，加强政策支持力度，扩大与地方相关保障机关的协调力度和落实力度，解除文职人员安家立业的后顾之忧。为文职人员提供办公宿舍并建造住房，改善居住条件，提供优惠的银行贷款利率，为文职人员购买商品住房创造有利条件。完善物资技术保障，为文职人员获取物质资产提供相应条件。完善精神心理保障体系，预测预防多种心理变化状态，尊重文职人员的个人信仰。值得一提的是，俄武装力量文职人员工会会定期出版中央委员会的信息公报，其中一半的内容用来解决文

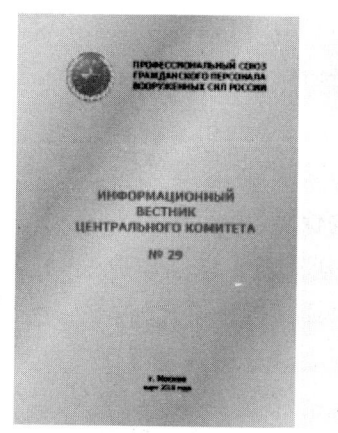

图 2—6　俄罗斯武装力量文职人员工会信息公报

资料来源：http：//psvsrf.rul.

职人员的疑惑和问题，包括工资待遇、住房情况、制服制作等，同时展示俄国防部副部长及主管领导的答疑回复，以及国防部长绍伊古签署的相关命令。[①]

第二，完善文职人员职业教育、专业提升和进修培训体系，积极执行青年政策，落实干部潜力发展计划，为警宪部队长期建设发展和人才储备打下基础。军事职业教学体系坚持训用一致原则，坚持职业化、专业化人才培养道路，补充地方院校教育及弥补部队实践不足的问题，突出军事特性和任职能力，增强备战打仗本领，兼顾个人职业发展，从而

---

①　Вопросы и ответы. Информационный вестник центрального комитета профсоюза гражданского персонала вооруженных сил РФ, Москва, 2018（29）：76–82.

有效应对信息时代变化、新军事革命的挑战,更好地为国防军队建设服务。① 通过对教育训练体制进行改革,打造教学与科研相结合的一体化院校结构,充分利用互联网平台,对各院校教学课程、研究成果、图书资料按学科类别和专业层次进行资源共享,推进远程教育。建立了训练基地体系和联合训练中心,针对文职人员在岗信息化培训及军事职业技术再教育提供教学场地和教育资源。警宪部队通过军民融合促进文职人员职业教育发展,要求其定期到地方院校进行专业进修,进修时间间隔为5—7年,允许文职人员攻读高级学位。军方高级将领和地方专家学者定期讲授国家安全、军事战略、学科前沿等内容,共享军地联合开发资源,有效提升了文职人员的视野层次。

第三,建立健全社会监督体系,发展全方位的社会伙伴关系,调整文职人员与用人单位之间的劳动关系,满足各方利益需求。根据法律规定,文职人员的社会伙伴关系代表为文职人员工会及相关组织,可就集体谈判、集体协议的签署与变更、监督劳动合同的实行情况、劳动纠纷等问题与用人单位争取文职人员权益的最大化。另一方为俄罗斯国防部,它作为用人单位与文职人员工会签署行业协议,通过一系列措施加强双方合作。国防部副部长、各军种司令员、部队首长、机关领导有责任与文职人员工会领导举行定期会面,研究集体合同的实施情况及改革期间文职人员社会保障的落实情况;将俄总统、俄联邦政府、俄国防部为保障文职人员住房、工资、医疗所采取的措施的相关信息汇集报送工会领导。不同职级的部队首长承担不同层次的社会合作责任,职责明确,界定清晰,均是为维护文职人员的权益权利、落实各项保障措施、保证社会监督与合作渠道的畅通而服务。

俄罗斯警宪部队文职人员制度建设暂告一段落,文职人员组织形态改革取得的成绩斐然。通过组织形态改革,文职人员队伍的整体水平基本满足当前战备及作战需求,为警宪部队遂行任务和深化发展提供了有力保障。

---

① Мещеряков Д. В. Середов И. Г. Информатизации военного образования: проблемы и перспективы, Психолого - педагогический журнал гаудеамус. 2016 (2): 26 – 31.

第 三 章

精细务实的日本警宪部队
文职人员制度建设

日本作为世界第三大经济体,科技创新力方面一直处于世界领先水平,可称为科技大国,而国土方面却只是"蕞尔小国"。其领土面积位列世界第61位(约38万平方公里),与我国云南省面积接近,但大众并不知晓日本的领海累加专属经济区的总和面积却超过了我国,位列世界第六,约为447万平方公里,是日本领土面积的12倍,是一个名副其实的亚洲"海洋大国"。

日本警宪部队主要包括:日本海上保安厅、日本警察厅机动部队、日本警察厅、警视厅特殊部队。

日本文职人员制度[①]师承美国,目前国内有关日本警宪部队文职人员的相关研究甚少,定性分析和一手数据的搜集存在一定难度。本书结合武警部队职能的最新表述以及日本警宪部队的职能,将警宪部队文职人员定义为:通过日本国家公务员考试与国土交通省、国家公安委员会面试,最终在海上保安厅以及警察厅、警视厅机动队与特战队从事

---

① 日本最早的文职人员组织机构出现在自卫队,不同于自卫官的"制服组",自卫队文职人员又称作"西服组",一般由书记官、事务官组成。参考2017年防卫白皮书数据,书记官639人,事务官20390人,约为自卫队队员总数的8.5%。日本文职人员通常是指通过国家公务员录用考试、隶属防卫厅,在中央机关、部队、学校和地方军事机构以及医院等从事行政事务、技术业务的公务人员。其身份既是防卫厅公务员,也是自卫队员;既承担部分自卫队员非作战职责,也从事专属文职人员的工作。他们是日本武装力量的组成部分,确立了自卫队行动的基础。

行政、管理、技术、医疗、语言保障、研究开发等非作战类工作的公务人员。

第一节 日本警宪部队文职人员制度发展历程

日本警宪部队文职人员制度发端于第二次世界大战后，标志是1950年警察预备队的建立，以及警察预备队本部行政监督部门和部队指挥部门两个系统的设置。伴随着日本政府内外政策的改革与变化，日本警宪部队文职人员制度发展经历了"文官统制"下的文职人员制度、"文武均衡"下的文职人员制度以及安倍内阁"积极和平主义"概念下的文职人员制度三个阶段。

一、"文官统制"下的日本警宪部队文职人员制度（二战后至20世纪80年代）

二战后，日本主管防卫事务的中央省厅始终由文官组成的内局和由现役军人组成的幕僚系统构成。《日本宪法》第六十六条规定："内阁总理大臣及其他国务大臣必须是文民。""文民统制"的最直接体现就是防卫厅内部自始至终贯彻的"文官统制"制度，即文官为军官的上级而非并列关系。文官阶层习惯上被称为"西服组"，军官阶层则被称为"制服组"。在"文官统制"制度的影响下，文官阶层牢牢地掌握着国防力量的发展方向和人事任用。为防止军官势力抬头，缓解部队重建后"有兵无官"的窘境，该阶段防卫厅内局主要由通过国家公务员考试的无自卫官履历的文职人员组成，文职人员活跃于警宪部队的各个领域并掌握着高层的决策权。

二、"文武均衡"下的日本警宪部队文职人员制度（冷战后至2012年）

防卫厅成立初期，为防止军国主义势力复活，内局干部均由他省[①]

---

① 主要指大藏省和警察厅。

调派担任，他们与幕僚长（"制服组"）们派系不同，形成牵制之势。而冷战末期，"西服组"与"制服组"高层来源过于单一，本应是互相牵制的两派最终成为一派，使得二者差异缩小，极易达成妥协。最终，随着统合幕僚监部的设立，二战以来形成的"文官统制"制度被废弃，一元化指挥体系正式确立。2009年《防卫省设置法修正案》得以通过，该修正案旨在削弱文官实权，在各职能部门实现"文武"混合编制，使得现役军官得以在防卫战略制定和部队调用等层面起到决策作用。在该政策的指引下，文职人员在部队作战中的作用由领导层和实战决策层逐渐向协调部门和配合部门转移。这一阶段警宪部队的文职人员发展呈现以下几方面的特点：（1）文职人员地位有所下降，但人数有所增长。基于反恐作战的实际需要和加强海上执法力量的需求，文职人员在反恐特种部队的一般职务中起到辅助作用。（2）建立了完善的文职人员录用和考评制度。通过国家公务员"特殊职务""一般职务"录用考试，吸纳优秀的地方大学毕业生加入文职人员队伍，并对文职人员组织年度测评与军事培训。（3）院校内文职人员占比很大。为了适应军事发展的需要，同时避免在部队规模上过度引起国际社会注意，院校中的编制岗位主要由文职人员填充。例如防卫大学、海上保安厅大学的教员与研究人员七成以上均是文职人员。

三、安倍内阁"积极和平主义"概念下的日本警宪部队文职人员制度（2012年至今）

2012年12月，安倍晋三当选日本第96任首相，2018年安倍晋三实现日本政界少有的首相连任。政治根基稳固的安倍提出所谓的"积极和平主义"，其全称为"基于国际协调主义的积极和平主义"。为了解释安倍提出的这一看似矛盾的概念，就不得不提到日本战后通过的《和平宪法》。

《和平宪法》第二章第九条规定："放弃战争、战争力量以及交战权"，"永远放弃以国权发动战争"。《和平宪法》是战后和平主义的象征，也是日本不再走上军国主义老路的承诺与保障，多年来得到日本民众的拥护。随着近年来日美军事同盟的深入发展，安倍晋三愈加感受到《和平宪法》与其执政理念的冲突。在此背景下,"积极和平主义"的提出,其核心词实为"积极",其实就是对《和平宪法》的否定,并希望加强军事力量,让日本重新走上军事大国的道路。在此方针的指引下,日本于2014年7月1日通过"解禁集体自卫权"的内阁决议。该决议的通过为日本推行全新安保战略扫除了障碍,推动日本警宪部队朝着全新方向发展,加强了日本海上保安厅对我国南海海上执法的干扰和影响。

在安倍内阁政策的推动下,该阶段日本警宪部队文职人员制度呈现以下特点:(1)日本海上保安厅得到稳步发展,警宪部队文职人员队伍逐步壮大;(2)设立了全新的文职人员岗位,并加大招录力度。从2016年至2018年的海保招录情况来看,原定招录计划均未超过300人,但实际招录数据为:2016年316人,2017年338人,2018年467人,不但扩招,而且实现了连续三年的持续增长。

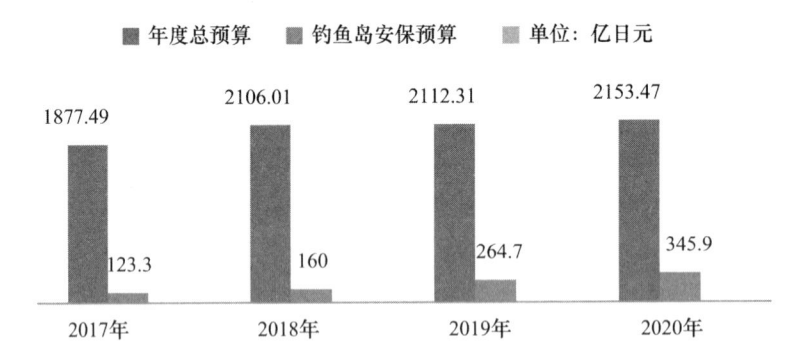

图3—1 日本海上保安厅财政预算

资料来源:《海上保安厅レポート2019》,日本:日经印刷株式会社2019年版;海上保安厅.2020年海上保安厅相关预算概要[EB/OL].[2019-06-21]. https://www.kaiho.mlit.go.jp/soubiyosan/nyusatsu/koukoku/201502/shiyousyo/R2kannkeiyosanngaiyou.pdf;海上保安厅.2019年海上保安厅相关预算概要[EB/OL].[2019-08-01]. https://www.kaiho.mlit.go.jp/soubiyosan/folder794/yosan/31youkyuushiropan.pdf。

第二节 日本警宪部队文职人员制度建设实践

一、日本警宪部队概述

（一）日本海上保安厅

第二次世界大战中，日本战败，不得不接受非军事化和解散陆海空军队决议，本土防务由占领军承担，然而其领海警备则陷入无人接管的状态，一时间偷渡和海上走私、海盗活动猖獗难遏。维护周边海上安全成为困扰日本政府亟待解决的问题。在美国海岸警备队米歇尔上校的建议下，日本以美国海岸警备队为雏形，将建立海上治安管理机关事宜提上日程，但担心海上警察组织的建立可能会导致日本海军的复活，这一提议一直处于反复讨论的阶段。1948年4月，日本政府公布《海上保安厅法》，[①] 于同年5月1日起施行，同时海上保安厅作为运输省（现国土交通省）的外设机构（外局[②]）正式诞生，大久保武雄任第一任海上保安厅长官，当时海保承担的主要职责是——海上警备、海上救援、维持海上交通。

1950年6月，朝鲜战争的爆发给了海保[③]以扩充实力的契机。当时驻日美第8军大部开往朝鲜作战，日本本土兵力警备空虚，治安留下大量空白。联合国军最高司令麦克阿瑟向时任日本首相吉田茂发出一封指令信，明确要求尽快组建陆上武装力量警察预备队并增强海保力量。经过这次事件，海保员额提高至18000人，且得到美军的大量警备艇和反潜艇。在此过程中，日本海保力量日益增强，于1952年设置"海上警备队"并隶属海上保安厅管辖，使之兼具海军的属性，成为军警融合的海

[①] 《海上保安厅法》，1948年4月27日法律第28号，最终修改：2012年9月5日法律第71号，最新修正的《海上保安厅法》赋予海上保安官对"非法"登上日本离岛人员（如钓鱼岛）实施逮捕的权限。

[②] 外局是相对于内局的概念，隶属内阁府与各省，是执行特殊任务的行政机关，分为厅和委员会两种。日本现行行政规划中1府10省共设17厅和8个委员会，消防厅、林野厅、防卫装备厅、海上保安厅、公安审查委员会等皆在此列。

[③] 海保成立时的实际职员人数为8156人，有29艘巡逻船、103艘小型巡逻艇，数量上虽然超过了限制，但有相当一部分船舰陈旧不堪，处于即将报废的状态。

上保安机构。这之后，海保经历了发展混乱的两年，其间由于《海上公安局法》的确立，其一度处在被废止与移交保安厅的边缘。这种混乱的局面，直至1954年7月1日防卫厅的设立和《海上公安局法》的废除才变得清晰与规范。至此，日本出现军事组织的海上自卫队和警察组织的海上保安厅并行的局面，海上保安厅也结束了军警分离的历史状态，并延续至今日。

（二）日本警察厅机动部队

1. 机动队的概念

据警察厅提供的2018年全国警察额定人员数据表显示，日本共有警察255250人，其中机动部队队员约为1.2万人，主要担负日本国内核心警备任务。具体分为"本机机动队"①"特别机动队"②和"管区机动队"③三类。

2. 机动队的职能

机动队的职能分为四大类，分别是：治安警备④、灾害警备⑤、杂踏警备⑥和警卫警护⑦。

---

① 本机机动队：属于机动队中最稳定且常规的配置，又名第一机动队，是在日本全国都道府县警视厅、警察厅均有配置，遇有重大事件能够迅速做出切实行动的机动警察部队。

② 特别机动队：与第一机动队的稳定配置不同，特别机动队多为因大型国际交流活动或重大地域性灾害而临时设置的机动部队，又名第二机动队。例如，为确保2020年东京奥运会顺利实施而设立的"紧急应对部队ERT""无人航空机应对部队IDT""东京国际机场恐怖主义行动应对部队"等。

③ 管区机动队：在日本全国范围内，除东京都和北海道两个行政区划外，其余的府和县所在地被称为警察厅管区，为了应对管区内发生的灾害以及大规模恶性犯罪事件而成立的机动队被称为"管区机动队"。遇到重大灾情，本机机动队联合管区机动队对事态形成迅速应对与镇压。而没有设立管区机动队的东京都和北海道，则由北海道警察警备队和警视厅本机机动队履行该项职责。

④ 治安警备：保持社会稳定，维护政治秩序；处置威胁国家安全与利益的严重犯罪事件、暴乱与恐怖事件。

⑤ 灾害警备：自然灾害后社会治安的武装警备；受灾地区的抢险救援与治安维持。

⑥ 杂踏警备：诸如奥运会、世界杯等国际性比赛的武装警备；游行以及节日庆典活动的安全保卫任务。

⑦ 警卫警护：警视厅第一机动队专项负责的日本天皇与天后的武装警卫；皇居的武装巡逻；警察厅其他警备部机动队担负的要员、国宾以及政府首脑的武装警卫任务。

（三）日本警察厅、警视厅警备局特殊部队

随着国家传统安全问题的回潮，以及非传统安全问题的日趋突出，日本也加大了对国内治安的统御以及应对反恐的军事力量投入。

受疫情影响，推迟至 2021 年 7 月 23 日至 8 月 8 日在日本东京举行的 2020 年夏季奥运会是自 1926 年以来，时隔 50 多年日本第二次承办奥运会，日本政府高度重视。为了更加专业化地应对突发事件的爆发，日本不断增加对反恐特殊部队的财力与物力投入，强化水域反恐、网络反恐、生化反恐力量，加大对反恐搜查、反恐信息搜集的投入力度，加强军民融合，优化组织结构，加强机构间的联动。

日本警宪部队特殊部队主要有：特殊急袭部队（Special Assault Team，缩写 SAT）、枪支管控部队、NBC[①]反恐特种部队（日文名：NBCテロ対応専門部隊）、机动警察通信队、国际恐怖主义紧急展开班（日文名：国際テロリズム緊急展開班，缩写 TRT-2）。

1. SAT 部队

SAT 部队设立在东京都警视厅，大阪府、北海道、千叶县、神奈川县、爱知县、福冈县、冲绳县（2005 年新设）警察本部，担负应对人质劫持、处置突发事件、打击强大火力暴徒犯罪、迅速压制恐怖袭击的作战任务。特战人员约为 300 人，分属 15 个机动小队。以东京警视厅第六机动队为例，该机动队设有 1 个 SAT 中队，内含 3 个小队，每个小队由小队长 1 人与特战队员 19 人组成，平均年薪根据职务履历不同而在 36 万—50 万之间浮动。除外勤人员外，SAT 部队文职人员主要从事汉语口译、越南语口译、心理疏导、会计、行政事务、直升机维修、保健等工作。

2. NBC 反恐特种部队

NBC 反恐特种部队的英文全称为 Counter-NBC Terrorism Squad，隶属于警察厅警备部队，是警察厅打击 NBC（核、生物、化学）恐怖分子的有效力量。

---

① N（Nuclear：核能）、B（Biological：生物）、C（Chemical：化学）使用该类物质的恐怖分子。

该部队共有编制 200 人,分布在警视厅和大阪府、北海道、宫城县、千叶县、神奈川县、爱知县、广岛县、福冈县八处警察厅。警视厅 NBC 反恐特种部队归公安部管辖,其余道府县 NBC 反恐特种部队归警备部机动队管辖。其队员均会在陆上自卫队化学学校接受专业教育并兼任机动救助队的职能。其主要任务是:当 NBC 恐怖事件爆发时迅速出警,赶往现场配合其他机构检测危险物质并进行排除,同时防止灾害进一步扩散,组织救援与现场避难疏导。

(3) 国际恐怖主义紧急应对班(TRT-1、TRT-2)

日本政府于 1998 年设立由反恐专员组成的国际反恐怖主义紧急应对班①TRT-1,由国际反恐对策科、警视厅公安部、都道府县警察本部警备部与刑事部精英组成。其成立后,参与处置了 2001 年哥伦比亚日商社长人质事件、2002 年巴厘岛爆炸恐怖袭击事件,在两起事件中均有不俗的表现。在国际反恐对策科成立后,2004 年重组为国际恐怖主义紧急展开班(TRT-2、Terrorism Response Team - Tactical Wing for Overseas),该队名沿用至今。其主要职能是维护在国外生活工作的日本人的生命财产安全,同他国反恐机构加强联手,沟通处置恐怖事件,发生人质劫持事件时负责与恐怖分子进行交涉和营救。②

二、日本警宪部队文职人员分类

日本警宪部队文职人员,通过国家公务员考试与国土交通省、国家公安委员会面试,最终在海上保安厅以及警察厅、警视厅机动队与特战队从事行政、管理、技术、医疗、语言保障、研究开发等非作战类工作,是国家的公务人员,也是警宪部队战斗力的重要组成部分。

海上保安厅的人员总数为 14178 人,③ 其中具有海岸警备执法资格的

---

① 国际恐怖主义紧急应对班(英文缩写为 TRT,即 Terrorism Response Team),该反恐部队的设置源于 1996 年日本驻秘鲁大使馆遭袭,400 多人成为恐怖分子人质的恐怖袭击事件。
② 国際テロ研究会:《別冊治安フォーラム 国際テロリズムの潮流》,日本:立花書房 2018 年版。
③ 该数据为 2019 年 4 月的海上保安厅官网最新数据,较上一年增长 429 人,其中 68 人为针对我国钓鱼岛的新增职务人员。

海上保安官约有 12903 人（其中包括精英部队特殊警备队队员 36 人[①]），剩余的 1275 人主要由以下四部分人员组成。

第一类是通过国家公务员综合职务类考试，录用到海上保安厅海洋情报部与交通部的综合职务职员；

第二类是通过国家公务员一般职务类考试，录用到管区海上保安厅本部从事一般性行政事务职务；

第三类是通过国家公务员残障人士选拔录用考试，录用到东京海上保安厅本部，从事庶务与信息分类管理的文书类职务；

第四类是因海上保安官休假、出国或任务需要而临时增设或代替原岗位人员的非常勤职务（即短期灵活聘用制员工），每年因空缺和增设岗位不同而变化。[②]

综合考虑除保安官以外工作人员的录用考试性质、工作职能、工作性质、福利待遇、制服等方面情况，本章将上述第一类至第三类人员作为日本警宪部队海上保安厅文职人员的研究对象。

除保安厅外，在警察厅与警视厅的部分职能部门工作的公务人员也属于日本警宪部队文职人员，具体是指招录至警视厅或警察厅任职的一类行政职员（行政、土木、建筑、机械、通信）、三类行政职员（教育学、电气类）、技术系职员（汽车修理、印刷、航海员）、一类专业职务人员（语言类、体育类、交通类、鉴定技术类）、三类专业职务人员（机械维修类）、残障人士三类行政职员。近三年（2016—2018 年）的警视厅文职人员招录人数分别为：一类行政职员（总计报考 2129 人，招录 308 人）；三类行政职员（总计报考 1981 人，招录 123 人）；技术系职员（总计报考 674 人，招录 42 人）；一类专业职务人员（总计报考

---

① 特殊警备队（Special Security Team，简称 SST）的前身是 1985 年关西国际机场海上警备队，以 6 名队员为一个警备小队，共设立 6 队。该体制已走过 44 个年头，SST 队员皆，其有着至少三年海上保安官经历，且是精英潜水队出身，可以说是海上保安官中精英的精英。自成立以来应对紧急事件 5111 起，救助人员达 2689 人（截至 2017 年），处理过的重大事件有："1982 年日本羽田机场日本航空坠机事故""1996 年兵库县地震救灾""1998 年纳霍德卡号石沉船石油泄漏事件救援行动""2011 年东日本大地震救灾行动"等。

② 2019 年最新拟招录的岗位是总务部秘书科专员 1 名，任期 22 个月；海洋情报部医师 1 名，任期 1 年。

148 人，招录 24 人）；三类专业职务人员（总计报考 18 人，招录 4 人）；残障人士三类行政职员（总计报考 63 人，招录 9 人），录取率约为 10.1%。[1]

三、日本警宪部队文职人员岗位与任务

（一）海上保安厅文职人员岗位与任务

1. 海上保安厅文职人员岗位

海上保安厅文职人员的岗位主要分为三类：第一类是海洋情报部、交通部技术类文职人员，录取至该岗位的文职人员需首先通过国家公务员综合职务（技术系）录用考试，并通过海上保安厅最终面试；第二类是管区海上保安总部行政岗位文职人员，录取至该岗位的文职人员需首先通过国家公务员一般职务（事务系）录用考试，并通过海上保安厅最终面试；第三类是东京海上保安厅总部庶务与信息分类文职人员岗，该职位为残障人士专录岗位，该岗位文职人员需通过国家公务员残障人士选拔录用考试，并通过海上保安厅最终面试。

2. 海上保安厅文职人员任务与工作内容

（1）海上保安厅交通部文职人员主要职责

日本每年周边海域会发生 2000 起左右的船舶航行事故，每一起船舶事故都威胁着船员的生命安全并伴随着财产的损失，石油运输船的泄漏更是会威胁到海洋环境安全与保护。日本海上保安厅交通部主要负责海上交通规则的制定，航海标识的统制和整备，减少船舶事故的发生，确保船舶顺利航行。

交通部文职人员主要负责三个方面的工作：第一，航路标识的设置和管理。为了让航行中的船只实时掌握最新数据和自身位置，交通部在防波堤、海岛、航道变更点、港口等醒目位置都设立了灯塔，为船舶航行提供安全警示信息。受东日本大地震的影响，航路标识的耐震和日常

---

[1] 日本警视厅. 2019 年警官与文职人员招聘计划 [EB/OL]. [2019-06-01]. https://www.keishicho.metro.tokyo.jp/saiyo/31/recruit/event.html；大阪府警察本部. 2019 年警官与文职人员招聘计划 [EB/OL]. [2019-05-20]. https://www.police.pref.osaka.lg.jp/saiyo/syokuin/6/4328.html。

维护也成为文职人员近几年的新工作内容（参见图 3—2）。此外，很多灯塔还对一般市民开放，其日常维护和作为观光资源的管理也由交通部相应灯塔文职人员负责（参见图 3—3）。

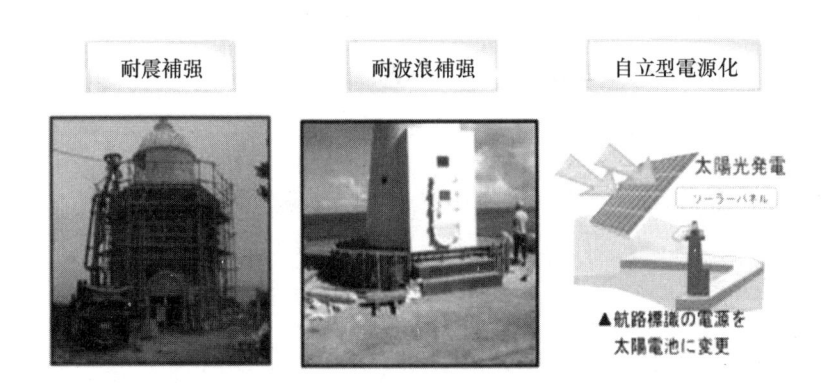

图 3—2 航路标识防灾应对

资料来源：海上保安厅：《海上保安厅レポート 2018》，日本：日経印刷株式会社 2018 年版。

图 3—3 兼顾观光功能的青森县鲛角灯塔

资料来源：海上保安厅：《海上保安厅レポート 2018》，日本：日経印刷株式会社 2018 年版。

第二，维护海上交通秩序。《海上冲突预防法》《海上交通安全法》《港则法》形成日本海上交通规则的框架。交通部文职人员主要在海上交通中心和海港交通管制室（参见图3—4）负责为航行船只提供海上交通信息并实时疏通船舶航海堵塞。

图3—4　东京湾海上交通中心文职人员工作场景

资料来源：http：//www.kaiho.mlit.go.jp/saiyo/job_traffic.html.

第三，同国际机关协同合作。日本四面环海，与多国隔海相望，借由海洋运输与多国保持国际性合作与联系。海上保安厅交通部与国际海事组织（IMO）、国际航标协会（IALA）等国际组织有密切的联系，交通部诸多优秀的文职人员都会参与国际组织的研讨会，促进各国间交流协作（参见图3—5）。

（2）海上保安厅海洋情报部文职人员主要职责

海洋情报部主要担负测量各水域港湾情况、观测海潮、绘制水路图、发行制作相关海域信息刊物和为船只提供航行警报等职能。近年来，随着互联网和通信设备的不断升级，借由网络实时发布海洋信息，制作海洋信息大数据等工作也落在文职人员的岗位上。

海洋情报部文职人员主要负责三个方面的工作：第一，勘测海底地形、调查海域火山。随着无人设备技术的日趋成熟，勘测海底地形主要由文职人员操作"自律型潜水调查器"完成。此外，通过分析人造卫星回传的数据观测海底地壳变动，预测海底火山爆发和制作海啸防灾信息图也是该部门文职人员的重要工作。第二，海洋环境调查。观测潮汐和海流并借由互联网发布海洋速报，为航海安全提供数据支持。此外，文

图3—5　2017年4月马来西亚第30次东盟峰会

资料来源：https://www.kaiho.mlit.go.jp/saiyo/job_traffic.html.

职人员还担负着海难发生时为救援人员提供雷达数据和漂流预测的职责。第三，国际交流与合作。海洋情报部与国际水文组织（IHO）有着密切的联系，文职人员需要定期参加国际会议，进行信息分享，加强多领域合作。此外，还会应发展中国家邀请派遣优秀文职人员指导他国海洋建设工作。

（二）警视厅、警察厅文职人员岗位与任务

1. 警视厅、警察厅文职人员岗位

警视厅、警察厅文职人员的岗位主要分为六类，具体是指招录至警视厅或警察厅任职的一类行政职员（行政、土木、建筑、机械、通信）、三类行政职员（教育学、电气类）、技术系职员（汽车修理、印刷、航海员）、一类专业职务人员（语言类、体育类、交通类、鉴定技术类）、三类专业职务人员（机械维修类）、残障人士三类行政职员。

2. 警视厅、警察厅文职人员任务与工作内容

（1）行政类文职人员主要负责资料统计、军民融合事务联络、部门宣传等行政类工作和财务状况的登记、补贴的发放等会计类工作。

（2）技术类文职人员主要从事电话口译、相关外文资料笔译等相关的翻译工作；测量、土木和道路构造等计划制定和施工维持的土木类工

作；警宪部队承担的建筑类工作；警视厅的排水设备、电梯、防火防灾等机械类维修工作；电器设备的信息处理和设备维护工作；维护日常员工心理健康的心理咨询类工作；药物、毒品、爆炸物等生化武器类研究工作；通晓物理和工学，从事与之相关的日常研究工作；摄影类工作；无人机操作类工作；日常驾驶类工作；体能训练类工作；保健师、护士和临床医师；内部电话交接类工作。

四、日本警宪部队文职人员招录制度
(一) 警宪部队文职人员录用考试

日本并没有专门针对警宪部队文职人员的录用笔试，而是借用国家公务员考试，通过两轮笔试和一轮面试确定最终成绩合格的人选，但成绩合格并不意味着已经能进入政府机关或是成为部队文职人员，具体招录与否还需要由招录部门再次进行面试与考核后最终决定。具体来说，成为警宪部队文职人员的渠道便是通过日本国家公务员考试，并通过海上保安厅或是警察厅与警视厅的最终面试。考试种类分为三种：国家公务员综合职务录用考试、国家公务员一般职务录用考试和国家公务员残障人士选拔录用考试。

国家公务员综合职务录用考试分为文科类和理科类，海上保安厅通常情况下不招录文科类文职人员，警视厅和警察厅招录文科以及理科类文职人员。参加该类别考试的考生具体要求为：研究生学历人员年龄应在30周岁以下，本科生学历人员应在21—30周岁之间。

海上保安厅文职人员招录考试初试的科目为"基础能力考试（多选题）"与"专业课考试（多选题）"，复试科目为"专业课考试（主观题）""政策论文""面试""英语"。一个应届硕士研究生要想最终成为海上保安厅的文职人员，需要在3月30日至4月9日之间进行网上报名，4月29日参加第一次题型为纯客观题的基础能力笔试与专业课笔试，入围后于5月27日参加题型为纯主观题的政策论文、专业课考试以及面试和英语测试。6月29日官网公布合格考生名单，7月海上保安厅会对合格考生进行最终面试，10月以后考生会知道自己是否能最终成为一名文职人员。

警视厅文职人员招录考试初试的科目为"基础能力考试""专业课考试"和"论文","基础能力考试"共有40道选题,其中30道为必答题,剩余14道选10道作答即可,考试时间为2小时30分;"专业课考试"为七选四的专业课论述题,考试时间为2小时;"论文"要求为1000—1500字,考试时间为1小时30分;复试科目为"一般面试""专业面试""体检""适性检查"。其中,专业面试主要针对专业知识和招录岗位职能进行考察,适性检查重点考察考生是否适合在警宪部队从事文职人员的工作。初试结果在5月31日公布,最终面试录用结果发布于8月下旬。[①]

(二)警宪部队文职人员薪资待遇

结合2019年4月1日警视厅和海上保安厅发布的文职人员最新工资标准,文职人员首次任职工资待遇如下:

1. 警视厅文职人员待遇

首次任职工资约为220400日元(约合人民币14081元),除基本工资外还享有生活补助、住房补助、通勤补助、年末全勤补助(约为月工资的4—6倍);根据是否有工作经验会适当地增加一部分工资待遇。

2. 海上保安厅文职人员待遇

在首次任职的文职人员中,大学本科工资约为231040(约合人民币14761元),硕士研究生262600元(约合人民币16778元);除基本工资外,还享有生活补助、住房补助、通勤补助、年末全勤补助(为月工资的4—6倍);另享有海域补贴。

五、日本警宪部队文职人员研修制度

(一)警视厅文职人员研修制度

首次录用至警视厅的文职人员会在相关警宪部队学校进行全封闭制

[①] 内阁人事局.2019年度国家公务员考试综合职务介绍[EB/OL].[2019-04-20].https://www.cas.go.jp/jp/gaiyou/jimu/jinjikyoku/recruit/howto/sogo.html;内阁人事局.2019年度国家公务员考试一般职务介绍[EB/OL].[2019-04-20].https://www.cas.go.jp/jp/gaiyou/jimu/jin jikyoku/recruit/howto/ippan.html。

的首次任职培训，待首次任职培训后才会进行职务分配。其中，一类录用人员培训时间为 6 个月，三类录用人员培训期 10 个月。培训的具体内容是"通识类培训""实务类培训""法律""体能和礼节"。通识类培训主要包含"岗位业务基础""信息管理"和"文件处置"；"实务类培训"主要是会计和薪资构成分析；"法律"重点学习宪法、地方自治法、形式手续法、民法和国际法。

入职后，根据所属部门和机构不同，还会有丰富的研修课程和形式，主要分为"学校培训""职场培训"和"其他类培训"，其他类培训包含面较广，如手语、计算机、外语、维修等实用类技能的培训[①]。

（二）海上保安厅文职人员研修制度

日本海上保安厅文职人员在管理上有着相对完善的研修制度，从类别上来看主要分为"职别研修""派遣研修""专题研修""领导者素养研修"四个大的部分。其中职别研修又分为"行政岗位研修""一般职务研修""地方机关文员研修"。我们以"行政岗位研修"为例，2019 年该研修计划中共开设"试用期研修（800 人）""首次任职研修（680 人）""初职研修（700 人）""主任研修（150 人）""中职研修（550 人）""高职研修（100 人）"六个模块，研修时长从 3 天至 5 周不等，有的模块每年会分 5 个批次组织。研修内容主要包含思考能力训练、任职工作体验、专题讲座和报告、协同性训练、小组讨论和意见交流等。

六、日本警宪部队文职人员法律法规

警宪部队文职人员因分属于海上保安厅和警察厅、警视厅，因而其制度性法律也主要分为两大类，其中管理海上保安厅文职人员的相关法规主要有《海上保安厅职员服制》《海上保安厅组织规则》《海上保安厅法》和《海上保安厅施法行令》等；管理警视厅文职人员的相关法规主要有《治安警察法》《警察法》和《反恐对策特别处置法》等。

---

① 人事院. 人事院研修制度介绍［EB/OL］.［2019 - 08 - 01］. https：//www. jinji. go. jp/kensyuu/31kensyuu. pdf。

七、日本警宪部队文职人员制度特色

（一）日本警宪部队文职人员有着鲜明的职业形象

日本警宪部队文职人员在对外宣传以及公众印象中有着鲜明的职业特色与民众期待。具体来说，文职人员职业形象含有以下要素：拥有极高的为公意志，乐于奉献；注重目标的实现，向着目标不懈努力；拥有广阔的视野、不断发现社会课题，面对问题敢于发挥创造力；拥有较强的沟通能力，愿意并能够理解多种多样的价值观；判断客观不失偏颇；专业素养优秀，且不断刻苦钻研；国防的生力军拥有着强烈的好奇心。

（二）文职人员薪酬优厚，招录比例竞争压力大

警宪部队文职人员按照国家公务员体系发放工资，应届本科生初次任职月薪约为1.4万元，研究生约为1.61万元，基本工资外还有地域补助、住房补贴、工资特别调整额、抚养补助等补贴项目（总计约3000元）。除此之外，每年6月和12月还会发放基本工资4.4倍的奖金。因具有较高的社会地位与优厚的工资待遇，历年报考文职人员的考生数目都十分可观。报考海上保安厅文职人员的招录比例为4.2%，警视厅文职人员录取率约为10.1%。

（三）文职人员岗位实行灵活多样工作时间

日本一直以工作强度大、工作态度认真、加班时长过长而为大众所熟知。近年来安倍一直着力改善日本青年人就业工作环境，其中弹性工作时间与时差制上班时间的政策引入尤为瞩目。以海上保安厅海洋情报部和交通部文职人员为例，时差制上班时间，即将勤务时间分为A勤务、B勤务、C勤务三种。A勤务为8：30—17：15；B勤务为9：05—17：50；C勤务为9：30—18：15。每种勤务均是一天工作7小时45分钟。内阁人事局2016年发布的《国家公务员弹性工作制概要》中就弹性工作制做了如下规定：（1）每周需工作38小时45分钟；（2）周一至周五9：00—16：00的5个小时是必须上班的时间；（3）每日的最少工作时长为6小时；（4）灵活勤务时间为7：00—22：00。弹性工作制给予文职人员一定的工作灵活度，使其可以兼顾家庭和工作，施行至今得

到日本文职人员的好评①。

（四）注重文职人员的个人成长与职业规划

日本注重对警宪部队文职人员的培养，为文职人员提供丰富的多机构多职能部门借调机会与海外留学机会。同时，对新入职的文职人员进行适岗性判定，帮助谋划职业方向。以每1—3年为一个调动期，文职人员可以结合自身工作能力和胜任水平，申请调任其他岗位与部门工作，这种内部的工作调动一方面适应不断发展变化的部队实际，另一方面也可充分发挥每一名所属人员的才华，让其在最适合自己的领域贡献力量。

（五）国家与部队十分重视文职人员岗位的宣传与适性匹配

每年的文职人员录用考试于3月底至4月初报名，4月底进行初试，但在考试前，相关录用单位就会组织大范围面向全国本科生与研究生的宣讲、研讨会，还会为学生提供岗位实习的机会，帮助学生了解文职人员职能以及自己是否胜任此项工作，具体的时间表可以参见图3—6。

如图3—6所示，宣传主要分为特别演讲、公务研讨会、实习岗位三类。霞关②特别演讲分为上半年和下半年两个时间段举行，帮助在校生了解国家各职能部门，同时也了解作为行政人员或者事务官所需要面对的具体课题；每年的7—9月为在校生实习期，会择优选择硕士研究生入霞关各府省体验业务。下半年还会有专门针对女性的霞关特别演讲和公务研讨会。除图3—6所示外，第二年招考前的3月还会组织所属职能部门参观开放月，有意愿报考的年轻人可以参观工作环境感受工作氛围，判断自己是否符合职业要求。通过多方面宣传和长达一年的宣讲与研讨，每年的报考生都有着一定的心理准备和心理预期，也更有利于招录到最符合条件的文职人员。

---

① 内阁人事局.国家公务员灵活工作制［EB/OL］.［2017 - 04 - 20］. https：//www. cas. go. jp/jp/gaiyou/jimu/jinjikyoku/flextime_ jirei. html。

② 霞关本是东京都千代田区的地名，由于是日本众多中央政府部门的所在地，故而成为日本中央官界代名词。

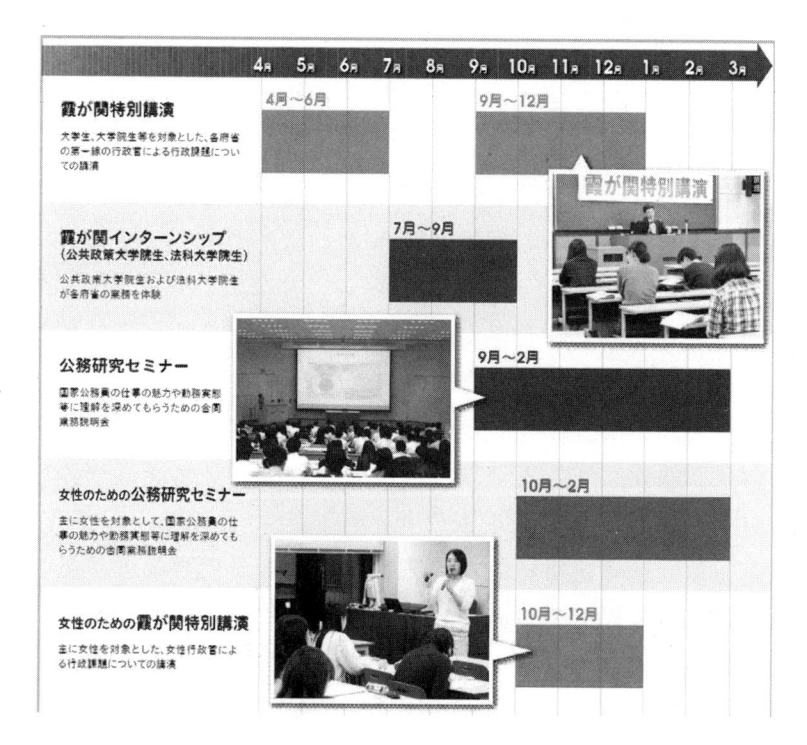

图3—6　2019年综合职务文职人员招考宣讲与研讨会安排

资料来源：http：//www.jinji.go.jp/saiyo/event/josei/josei.html.

（六）体现"精细"与"关怀"的日本文职人员考试制度

1. 文职人员录用考试分类与流程十分细致

日本通过国家公务员考试筛选警宪部队文职人员拟录取对象，最终录取需要通过文职人员岗位所在单位的最终面试来确定。考试类别根据工作性质、招录对象不同分为三类，具体内容详见本章第二节第四点"日本警宪部队文职人员招录制度"。

2. 文职人员录用考试体现人文关怀

日本是一个重男轻女的社会，日本的行政机关与部队以男性居多，以海上保安厅为例，男女比例约为9：1。为了给女性求职者相对舒适的工作氛围与同等的就业机会，部队招录文职人员都会预留女性专录岗位。为了消除女性对于部队工作环境的顾虑，报名前还会组织专门针对女性的专项宣讲会和工作环境说明会。官网中也有专栏和答疑区留给女性提问和留言。

同时，不论是海上保安厅的文职人员录用还是警察厅与警视厅的文职人员录用，每年都会留有一部分比例的残障人士专岗，虽说岗位开放数量没有达到完全对等，但会开放适合残障人士能力的岗位。海上保安厅每年招录 1—2 名，警视厅招录 3—5 名，警察厅中大阪府招录 5 名，千叶县 2019 年招录计划尚未公布，冲绳县、神奈川、爱知县、北海道招录数据缺失待补充。以海上保安厅残障文职人员岗位为例，具体招录的职务是行政岗 1 名与信息系统管理岗 1 名。行政岗负责文件管理与保存、出勤登记与统计、出差业务办理等；信息系统管理人负责录入资料和管理各种信息。除此之外，还可以根据每年招录的人员情况适当地改变职务要求与工作标准，体现管理人性化的一面。为了残障人士工作方便，工作地点通常会选择在便利的本部或者离工作人员就近的办事处，还会安排灵活工作制避开上下班高峰，确保其通勤顺利，同时会配备心理咨询与轮椅，卫生间也会设置无障碍通道，这些都彰显着工作管理上的人性化。

3. 丰富且细致的请假与休假制度

为了量化休假市场，规范请假制度，日本的文职人员制度中对请假条目与时长做了细致且明确的规定。请假的理由包含：年假（20 天）、病假（一年内不超过 90 天）、志愿者活动假（一年不超过 5 天）、婚假（5 天）、女性的产前假（6 周）、产后假（8 周）、男士陪产假（2 天）、男性育儿假（5 天）、女性育儿时间补偿（孩子一周岁前每天 1 小时休息时长）、儿童看护假（每个孩子 5 天）、看护家人假（每个生病的家人至多 5 天）、丧假（父母至 7 日）、父母过世追悼（1 天）。此外，还有自然灾害、房屋拆迁等不可抗力因素导致的不限制时长的假期种类。总的来说，假期的时长较短，但规定详细，有章可循。

第三节　可以学习借鉴的经验做法

第二次世界大战以后，美国主导重构了日本的军事与官僚制度，日本的文职人员制度在汲取很多美国成熟制度优点的基础上，又结合日本传统与国民性特点不断发展，经历几次改革成就了现在具有日本特色的文职人员管理与协作体系。

照搬照抄他国的体制是行不通的，要建立契合我国当前发展水平、符合当前武警部队职能与发展现状的、利于我国国防建设的、切实可行的文职人员制度。日本警宪部队文职人员制度建设有以下几个方面值得武警部队学习借鉴。

一、文职人员制度建设要力求本土化

尽管当前世界很多国家都采用了文职人员制度，但各国文职人员制度在组织结构和协作模式上都有其自身的特点。世界上不存在一种无视本国特色而皆可以套用的文职人员制度模型，盲目照搬照抄他国的改革结果往往都会以失败告终，日本警宪部队的成功做法也是经历了漫长探索而形成的。因此我国文职人员制度的建立与发展一定要充分立足本国国情，从我国悠久的文化底蕴中汲取营养，借鉴他国警宪部队文职人员制度的先进经验，创建具有中国特色的武警部队文职人员制度。

（一）形成具有鲜明特色的文职人员形象

日本警宪部队的文职人员在形象与工作态度方面，不同于其自卫队文职人员，由于警宪部队没有过多受到美国的直接干预，因而没有形成浓厚的美国气息，相反，由于扎根民族特性，形成特有的敬业、奉献、为公、钻研的职业形象，且这一职业形象一直为本国人民所推崇。这一稳定的职业形象像一把尺子与一项无形的规范，约束着文职人员努力工作，同时也激励文职人员不断奉献，为国防事业做出持续不断的贡献。

"不忘历史才能开辟未来，善于继承才能善于创新。只有坚持从历史走向未来，从延续民族文化血脉中开拓前进，我们才能做好今天的事业"。这是2014年9月，习近平总书记在纪念孔子诞辰2565周年国际学术研讨会上的讲话。当前文职人员制度的发展亦需汲取我国5000年深厚的文化底蕴，汇聚中国人民的磅礴之气，坚定走自己的路，走出有自己特色的路，保持定力，增强自信，方能真正塑造具有实力的中国特色文职人员形象。

（二）创新适合国情的文职人员管理理念和管理方式

文职人员制度建设一方面要博采众长，合理借鉴国外的管理方式和管理理念。既要看到外国的月亮圆，亦要看到本国月亮美。当前，我国文职人员管理制度与方式还没有真正从既有军官管理制度中脱离出来，很大程度上沿用军队一直使用的管理体制，对文职人员进行大致相同的规范与管理。由于文职人员的教育背景、担负使命、社会属性与现役军官有着很多不同之外，需要针对文职人员现状，展开广泛深入的调研，形成草案，通过试点推广、修改再推广的方式推进。逐步建立具有自身特色，全面发挥文职人员才华的新型管理制度，从而推进部队战斗力的提升。

二、细化文职人员考核机制

日本的文职人员考核制度十分细致且明确，对建设完善武警部队文职人员考评机制有着一定的借鉴意义。

（一）测评内容要点突出

日本警宪部队文职人员的考评围绕实绩、适岗性、工作能力和适应力等要素进行综合测评，合理全面，效果比较好。我国军队文职人员主体在院校任职，测评考核机制还没有最终稳定下来，当前的测评内容略显单一，需要改进完善。在设计文职人员考核内容时，应突出重点，发挥绩效考核的真正导向作用，引导文职人员注重自身的全面发展，同时也专注重点领域。

（二）考核周期设置合理

日本文职人员的考核周期根据考核内容不同而设置，多次不同内容的考核体制能够有效准确地对考核内容进行精准评价，同时避免重复性考察类似或相同项目。为了提高测查的准确性和考核的精确度，我们应该对文职人员的体能、工作能力、工作业绩设立合理的考核周期，同时避免每次测查时类目的类似设定。

（三）考核结果与薪资和晋升联系紧密

日本将考核结果作为文职人员晋升的重要依据，而且日本对考核结果的运用更为彻底,结合考核的实际结果决定晋升与否或薪资调整,但这一彻底的做法也一度遭到诟病,影响了人员的积极性。究其原因,考核的最终目的应着眼于战斗力的提高、能动性的发挥、个人能力的提升等方面,而不是着力于惩罚,因此这个出发点和度的拿捏显得十分重要。对于在很多领域有着突出贡献或是在某一方面有着热忱和积极工作态度的人员,某一方面的短板不应该成为个人成长发展的绝对制约因素。

三、完善文职人员录用考试制度

日本的文职人员考试笔试分为三轮,涵盖外语、行测、专业课等多方面测查,同时面试时也分为不同角度的两次考察,相对而言对文职人员的综合能力考察更加全面严格。

(一) 考试科目的多样性设置

目前我国文职人员的行测科目更像是公务员考试的翻版,没有形成贴近实战、涵盖部队特色的考察内容,更多是通过针对性的备考而呈现的结果,内容上有些僵化,不利于招录到拥有新思想的文职人员。可以保留本科目的考察,优化内容,同时添加一门更贴近部队对人才需求的考试科目。此外专业课的测查应该适当加大比重,使在专业领域有所建树的人才切实通过考试拉开层次与差距。

(二) 招录对象范围的考量

目前我国文职人员,总体趋势是招录的文职人员学历、素质、业务水平越来越高。我们在文职人员的招聘上存在着一个误区,即存在着用"211 工程"与"985 工程"判断生源是否优秀的现象。非 211 与 985 院校学生初试成绩靠前,说明学习能力是相当的,应该给予所有学生相同的报考机会,让实力与能力成为衡量人员是否优秀的唯一标准,让面试成为最终的把关尺度。

四、完善文职人员人事管理制度

文职人员制度的完善与改革是深化部队改革的有机组成部分。其完善与发展应力求追求效率,建立机动、高效、有弹性的人事组织与管理制度。

(一) 多途径引进多样性人才

在军队改革背景下，很多领域都在加强军民融合的深度与广度，很多领域都需要地方的复合型人才。文职人员录用考试可以作为人才引进的主要途径，但需要改变录用考试招录人员周期长、很多方面受限的现象，完善相关制度，拓宽文职人员的招录途径，完善福利机制，确保人才的高效引进。

(二) 适当引入竞争机制

文职人员还是国防力量的新生力量，文职人员的自我提升与工作能力的不断精进有利于部队战斗力的提升。为了保证文职人员的工作效率，需要适当引入竞争机制，而竞争机制的量化还需要结合实际情况进行确定。

(三) 强化文职人员培训机制

文职人员作为筑梦国防的新支撑，其自我提升与工作能力的不断精进有利于部队战斗力的提高。日本的文职人员制度十分强调培训与深造交流，每年都会有固定名额和大量机会鼓励文职人员在机构间、院校间进行学习与交流，同时选送优秀的文职人员在国内深造或出国留学。我国文职人员制度建设也应完善相关制度，提供交流机会，组织具有实用性和针对性的培训，同时规范文职人员出国进修与调研渠道，通过广泛的交流和调研，将国外研究成果带回国内，贡献国防建设。

【参考文献】

[1] 江畑谦介：《日本防衛のあり方》，日本：KKベストセラーズ2004年版。

[2] 海上保安庁：《海上保安庁レポート2018》，日本：日経印刷株式会社2018年版。

[3] 海上保安庁：《海上保安庁レポート2017》，日本：日経印刷株式会社2017年版。

[4] 海上保安庁：《海上保安庁レポート2016》，日本：日経印刷株

式会社 2016 年版。

［5］海上保安庁：《海上保安庁レポート 2015》，日本：日経印刷株式会社 2015 年版。

［6］笹川平和財団海洋政策研究所：《海洋白書 2018》，日本：成山堂書店 2018 年版。

［7］国土交通省海事局：《海事レポート 2018》，日本：成山堂書店 2018 年版。

［8］国際テロ研究会：《別冊治安フォーラム 国際テロリズムの潮流》，日本：立花書房 2018 年版。

［9］下平拓哉：《日本の海上権力—策戦術の意義と実践》，日本：成分堂 2018 年版。

［10］海上保安体制強化に関する関係閣僚会議の開催［J］. 海保ジャーナル，2019，spring（78）：1。

［11］海上保安庁新長官に岩並氏 3 代連続で「現場」出身［J］. 海保ジャーナル，2018，winter（77）：1。

［12］下平拓哉："中国海警局の特徴と日本の対応"，《日本戦略フォーラム季報》2017，74（10）：99 - 104。

［13］竹田純一："比較分析！中国海警局と海上保安庁"，《世界の艦船》2019，893（2）：110 - 113。

［14］赵旭辉："日本警察管理体制及其事权划分之启示"，《北京警察学院学报》2015，3（2）：86 - 91。

［15］日本警视厅 . 2019 年警官与文职人员招聘计划［EB/OL］. ［2019 - 06 - 01］. https：//www. keishicho. metro. tokyo. jp/saiyo/31/recruit/event. html。

［16］大阪府警察本部 . 2019 年警官与文职人员招聘计划［EB/OL］. ［2019 - 05 - 20］. https：//www. police. pref. osaka. lg. jp/saiyo/syokuin/6/4328. html。

［17］海上保安厅 . 2019 年综合职务文职人员招聘计划［EB/OL］. ［2019 - 05 - 20］. https：//www1. kaiho. mlit. go. jp/saiyo/index. html。

［18］海上保安厅 . 2019 年一般职务文职人员招聘计划［EB/OL］.

[2019 - 05 - 20]. https：//www. kaiho. mlit. go. jp/ope/saiyou/ippansyoku/ippanshoku. html。

[19] 防卫省自卫队. 防卫省自卫队文职人员和自卫队员构成比例与数据 [EB/OL]. [2011 - 03 - 31]. https：//www. mod. go. jp/j/profile/mod_sdf/kousei/。

[20] 内阁人事局. 国家公务员灵活工作制 [EB/OL]. [2017 - 04 - 20]. https：//www. cas. go. jp/jp/gaiyou/jimu/jinjikyoku/flextime_jirei. html。

[21] 内阁人事局. 2019 年度国家公务员考试综合职务介绍 [EB/OL]. [2019 - 04 - 20]. https：//www. cas. go. jp/jp/gaiyou/jimu/jinjikyoku/recruit/howto/sogo. html。

[22] 内阁人事局. 2019 年度国家公务员考试一般职务介绍 [EB/OL]. [2019 - 04 - 20]. https：//www. cas. go. jp/jp/gaiyou/jimu/jin jikyoku/recruit/howto/ippan. html。

[23] 海上保安厅. 2020 年海上保安厅相关预算概要 [EB/OL]. [2019 - 06 - 21]. https：//www. kaiho. mlit. go. jp/soubiyosan/nyusatsu/koukoku/201502/shiyousyo/R2kannkeiyosanngaiyou. pdf。

[24] 海上保安厅. 2019 年海上保安厅相关预算概要 [EB/OL]. [2019 - 08 - 01]. https：//www. kaiho. mlit. go. jp/soubiyosan/folder 794/yosan/31youkyuushiropan. pdf。

[25] 人事院. 人事院研修制度介绍 [EB/OL]. [2019 - 08 - 01]. https：//www. jinji. go. jp/kensyuu/31kensyuu. pdf。

第四章

开放包容的法国宪兵部队文职人员制度建设

法国作为联合国五大常任理事国之一,同时也是八国集团重要成员国,历来是公认的军事大国,原因之一是其军事发展历史悠久,对欧洲甚至世界历史多次发挥关键影响。历史上法国是仅次于英国的殖民国家,至今,法国对其曾经的许多殖民地仍然具有强大影响力,因此在国际政治、军事和经济舞台上都扮演了很重要的角色。由于曾拥有辉煌的历史和巨大的民族自豪感,法国成为北约成员国中最特立独行的国家,长期游离在北约边缘,一直致力于军事和政治上的独立自主。依靠这种独立性和强有力的政治、经济、技术实力,法国构筑起强大的国防工业体系,法国军工可以在战斗机、直升机、两栖攻击舰、航母和核潜艇、装甲车辆、自行火炮等海陆空关键领域占有一席之地,成为欧盟成员国中军工体系最齐全、军力最强大的国家,也成为世界上重要的军事装备出口国之一。

法军为实现"量少质精,防御够用"的建军思想,达到"使一支人数更少的部队拥有更快的反应能力和更大的杀伤力,从而取得作战中的优势"的目标,从1996年开始决定对军队编制实施重大改革,采取了以职业军人为主、少量志愿服役军人为辅的缩编原则,逐步以职业军人取代义务兵,完全实现职业化。截至2018年,现役部队已缩减到约29万兵力,其中陆军规模最大约11.5万兵力,海军约3.5万兵力,空军约4万兵力,宪兵部队约9万兵力。军队文职人员共约6万人,宪兵部队约

4000人。经过近十年的精简整编，目前法国军队先进的常规力量、独立的国防体系、雄厚的科研基础使其拥有更多的发言权。

第一节 法国宪兵部队文职人员制度发展历程

法国宪兵制度的建立和发展是其文职人员制度发展的前提和依托，因此要了解法国宪兵部队文职人员制度的发展历程，首先应了解宪兵制度和法国宪兵部队的历史。

一、法国宪兵部队发展史

国家宪兵制度最早起源于法国。作为法国4种武装力量中一支重要力量的法国宪兵部队，独立于陆海空三军之外，由法国内政部负责其预算和监管。[1] 法国宪兵部队起初以维持军纪为主要职责，历史十分悠久，主要经历英法百年战争—拿破仑时期—法国大革命三个重要发展时期。

1032年，法国国王亨利一世组建了法国历史上第一个宪兵组织——巴黎宪兵队，其主要职责是保护国王利益，管理王室财产。1254年，巴黎成立了"皇家夜巡队"（Guet Royal），由皇家宪兵队长指挥，为维护巴黎的社会安全与稳定起到重要作用。进入14世纪后，巴黎宪兵队长的主要职责是在城墙受到进攻时，指挥快速反应力量进行守卫。15世纪，法国对军事力量进行了重大改革，使对外作战的职能和维护国内安全的职能逐步分开。[2]

英法百年战争期间（1337—1453年），为确保参战部队内部的秩序、保护人民生命财产安全，隶属于陆军总司令的两个元帅任命了一名宪兵队长，领导一支由几个骑兵中士组成的队伍，专门负责处理违犯军纪的军人和雇佣兵，人们称之为"元帅的宪兵队长"，开启了法国宪兵在军

---

[1] 杨莲珍、石宝江：《他山之石》，人民武警出版社2011年版。
[2] 铁血网．法国的国家宪兵．(2012-01-09)．https：//m.tiexue.net/touch/thread_5668509_1.html? from = singlemessage&isappinstalled = 0。

队中执法的先河。

1789年7月14日法国大革命开始,法国进入了一个新时代,当时的法国宪兵部队虽然已经成为实实在在的一个军事组织,但由于各种警察力量做了较大的调整,宪兵的司法审判权被逐步取消。1791年12月24日的法令决定在治安骑兵队的基础上组建"国家宪兵"。根据1792年1月16日和2月16日的法令,国家宪兵又增加了7000人,并依据新划分的省建立宪兵部队的基本单位。1798年4月17日的法令为现代法国国家宪兵提供了法律保障,并决定把宪兵部队建成一个高效率的组织。此次颁布的法令的主要条文现在仍然有效,该法令规定"国家宪兵是专门为维护共和国内部的秩序和执行法律而组建的一支武装力量",其主要任务是"维护乡村和主要道路上的安全";为了履行自己的职责,宪兵部队"通过长行军、巡逻的方式对防区实行不间断的监视和镇压"。

随着历史的发展,法国宪兵由承担维护国王利益、维持军队纪律逐渐转变为一支以维护社会治安为主要职能的机构。古代和新时代宪兵的发展是在不同的武装力量之间进行调整、改编的,其职能也在不断变化,不断扩大。而现代法国国家宪兵的变革是宪兵部队内部的重建与调整,并将处置突发事件和维护社会治安确定为改革的方向。[①] 军事化的组织形态使宪兵具有高效、机动、灵活等特点,在法国政局的风云变化中始终保持着很强的制度活力。拿破仑曾说:"宪兵是一支独立的组织,是维护社会安全最有效的力量,它对所有国土进行半民事、半军事的监视。"

二、法国军队与宪兵部队文职人员制度史

1636年,法国路易十三统治期间,"三十年战争"爆发。为对抗罗马帝国和西班牙,路易十四设立了一个战争部,并任命一名平民弗朗索瓦·苏布莱为首长,这是欧洲国家首次在军队中启用文职人员。随后,

---

[①] 铁血网. 法国的国家宪兵. (2012 - 01 - 09). https://m.tiexue.net/touch/thread_5668509_1.html? from = singlemessage&isappinstalled = 0。

路易十四首次建立了军队文职行政当局。① 路易十四的军队中已经有了相当一部分无军籍人员，当时的炮队指挥员和炮手都是由无籍军人担任的。

法国大革命之后，伴随着拿破仑武力征服欧洲以及欧洲国家的殖民活动，宪兵制度传播到世界各地，并被诸多国家所借鉴和效仿，法国、俄罗斯、意大利、西班牙、荷兰、罗马尼亚、土耳其、智利等国家的宪兵组织直到今天都是各国重要的武装力量，担负着维护法治、维护社会秩序、巩固国防、反恐救援等重要职能，在各国现代化发展进程中发挥了无法替代的作用。其中，文职人员作为法国宪兵部队的重要组成部分，更是发挥了重要作用，并在长期发展实践的过程中积累了大量关于文职人员制度建设的宝贵经验。

法国大革命后，宪兵人数急剧增加，1791 年为 6500 人，组成 1295 个宪兵小队；1792 年超过 8700 人；1798 年已有 2 万多人部署在 2000 个宪兵小队，其中半数是步兵。伴随着法国宪兵部队的发展壮大，其文职人员制度也有所成长与进步。而 19 世纪拿破仑的军队中，已经有了文职人员的编制，例如《法国史纲》中记录着：拿破仑"为了奖励优秀的官兵和文职人员，制定了各级荣誉勋章"。这正是西方文职人员的最早起源。

20 世纪 70 年代，新型核武器的发展和 60 年代初阿尔及利亚发生的将军政变迫使对现有的部级结构进行改革。因此，当时的政府希望在 1961 年建立一个单独的国防部结构：军备部长级代表团。同年，设立了行政总秘书处，加强了文职人员在该部的固定地位。1971 年，陆军总参谋长布瓦西厄将军首次提议用"文职人员"取代军职人员负责更多管理工作。②

---

① Ministere de la defense. LES LIENS ENTRE LE PERSONNEL MILITAIRE ET LE PERSONNEL CIVIL DU MINISTERE DE LA DEFENSE A L'HORIZON 2030：15. https：//www. defense. gouv. fr/english/sga/sga – in – action/human – resources/etudes – et – recherches/complementarite – militaires – civils – une – reflexion – fondee – sur – une – methodologie – innovante – et – participative.

② Ministere de la defense. LES LIENS ENTRE LE PERSONNEL MILITAIRE ET LE PERSONNEL CIVIL DU MINISTERE DE LA DEFENSE A L'HORIZON 2030：15. https：//www. defense. gouv. fr/english/sga/sga – in – action/human – resources/etudes – et – recherches/complementarite – militaires – civils – une – reflexion – fondee – sur – une – methodologie – innovante – et – participative.

今日的"第二军人"文职人员共有近4000人,是法国宪兵部队的重要组成部分,具有完善的管理体制结构和法律法规,在法军和宪兵部队的整体力量构成中处于重要地位,是现役军人执行任务、履职尽责过程中强有力的助手和有效补充。相较全球主要国家军队文职人员制度,法国警宪部队文职人员制度更具开放性和包容性。

第二节 法国宪兵部队文职人员制度建设实践

一、法国宪兵部队文职人员的构成与使用范围

军队文职人员制度起源于法国,经过近400年的发展,法国宪兵部队文职人员的构成与使用范围呈现出划分精细、突破本土限制等特点。

划分精细,主要体现在法国宪兵部队文职人员(法语:personnel civil;英语:civilian personnel)不是一个具体的岗位名称,而是分为公务员(法语:fonctionnaires;英语:civil servants)、国家工人(法语:ouvriers d'État;英语:state workers)、合同雇员(法语:contractuels;英语:contracted workers),共计3954人。① 其中2702名公务员和国家工人是行政、后勤和技术领域的领导、专家,属于专业人员,不受军衔限制。② 此外,这三种类型文职人员内部还划分出不同等级和类型。公务员分为A+、A、B、C四个级别;合同雇员分为一级、二级、三级三个等级;工人分为普通工人、小组领导、技术工人三种。

突破本土限制,主要表现为法国宪兵部队使用文职人员范围十分广泛。法国本土的宪兵部队中不仅有文职人员岗位,其海外的职位上也编配有文职人员,几乎遍及宪兵部队所有的机关内部。③ 不过,虽然文职人员岗位打破了地域限制,但却没有打破行业限制。文职人员供职的岗

---

① 法国国防部. Presentation de la Gendamerie. https://www.lagendarmerierecrute.fr/Documentation/Presentation-de-la-Gendarmerie-nationale。

② 法国内政部网站. 法国宪兵部队简介. https://www.interieur.gouv.fr/fr/A-votre-service/Le-ministere-recrute/Gendarmerie-nationale。

③ 赵礼、张巍:《当今世界西方主要国家军队文职人员管理制度管窥及其启示》,《中国军队政治工作》2016年第5期。

位主要集中在高级机关、科研单位、军事院校、后勤保障和文化宣传等部门，① 具体可分为四类。管理类：财务、预算、采购、人力资源、财富管理、档案、通信；社会类：社会服务助理和顾问；技术类：计算机科学、土木工程、机械、电子、电信、网络防御、基础设施、情报、操作维护、预防；医疗护理类：卫生专业人员、护理人员、医院服务人员、护士。文职人员岗位非战斗性岗位，但其设置会紧紧围绕、保障和支撑着法国宪兵部队开展各项军事活动。同时，文职人员不受军衔晋升年限和服役年龄限制的特点也增加了职业的稳定性。

二、法国宪兵文职人员的招聘录用

法国对宪兵部队文职人员的录用与辞退都有严格的法律规定，招募和解雇也要严格按照法律规定执行。纵观世界警宪部队文职人员来源，各国的情况虽不尽相同，但一般有四种途径。（1）从社会上招聘；（2）从地方院校直接招收；（3）从企业、院校招聘科学家、工程师、教授等专业技术人员；（4）现役军人转改。

法国宪兵部队文职人员中只有10%从现役军人转改为文职人员，剩下90%的人员均需通过考试或面试从地方招聘。首先，与文职人员使用范围类似，法国宪兵部队文职人员招聘范围也同样突破了本土限制。法国国防部招聘文职人员不局限于法国境内公民，同时开通了海外招聘渠道。任何年满18岁的法国公民或欧洲公民（欧盟成员国或者冰岛、列支敦士登、瑞士、摩纳哥和安道尔等国公民），具有良好声誉，无犯罪记录，并且身体健康（有部分岗位对残疾人开放），都有权申请法国宪兵部队文职人员岗位。为广纳有才之士，除个别特殊岗位对应聘者有年龄的限制外，大多数岗位没有年龄要求。② 申请者通过招聘考试，签订招聘合同或签订公共服务合同，就可以成为法国宪兵部队的文职人员、工作学徒、残疾人文职人员或签约实习生。法国国防部还为特殊人群预留

---

① 马莉："外军文职人员队伍建设的特点及启示"，《重庆通信学院学报》2012年第5期。
② 法国国防部网站．文职人员招聘．https://www.defense.gouv.fr/english/sga/sga-in-action/human-resources/recrutement-civil．

了部分宪兵部队文职人员岗位。特殊人群包括：内战或军事战争养恤金领取者以及其受益人（未亡配偶、遗孤）、军事人员和前军事人员。

由上可见，法国宪兵部队文职人员的录用可谓不拘一格降人才，不论申请者的年龄、学历如何，或身体是否残疾，只要经过国家正式组织的申请或考试，都有机会成为法国宪兵部队的文职人员，获得在军队的行政、社会、技术和医疗等多个领域职业发展的机会。

三、法国宪兵部队文职人员的管理与培训

法国宪兵部队一直重视加强对文职人员的管理，并将此项工作作为军队建设的一个重要方向来抓。这主要体现在法国国防部设有专门管理文职人员的机构——文职人员管理局，负责制定有关文职人员的政策和规定，提出使用文职人员的规划和计划，协调文职人员与军人和政府部门职员的待遇，以及管理文职人员日常与工作活动。文职人员管理局还与政府的劳工部、财政部等共同负责文职人员招募，并根据有关单位的具体要求，输送法国宪兵部队各个非作战岗位所需的合格人才。法国警宪部队中文职人员管理工作因文职人员国籍不同，类型不同，身体状况不同，岗位不同而变得十分复杂、繁琐，而文职人员局的设立使得管理工作能够做到高度统一、集中、高效。管理制度建立在法国宪兵部队文职人员人数多、使用范围广，历史经验丰富的基础上。

图4—1展示的是法国宪兵部队人员管理结构，与法国军队文职人员管理结构相同，皆为二级管理结构。第一级是法国国防部人力资源部的文职人员局，该局下设文职人员社会关系与地位处、文职人员管理处等部门，其中文职人员管理处下设7个办公室，即岗位编制、考核鉴定、职业培训、管理规定、调配晋升、中心行政机构以及分支行政机构办公室。7个办公室的职能基本涵盖文职人员工作的各个方面。第二级为法国宪兵部队人事局设置的文职人员管理办公室。第一级管理机构组织结构如图4—1所示：[1]

---

[1] 赵礼、张巍："当今世界西方主要国家军队文职人员管理制度管窥及其启示"，《中国军队政治工作》2016年第5期。

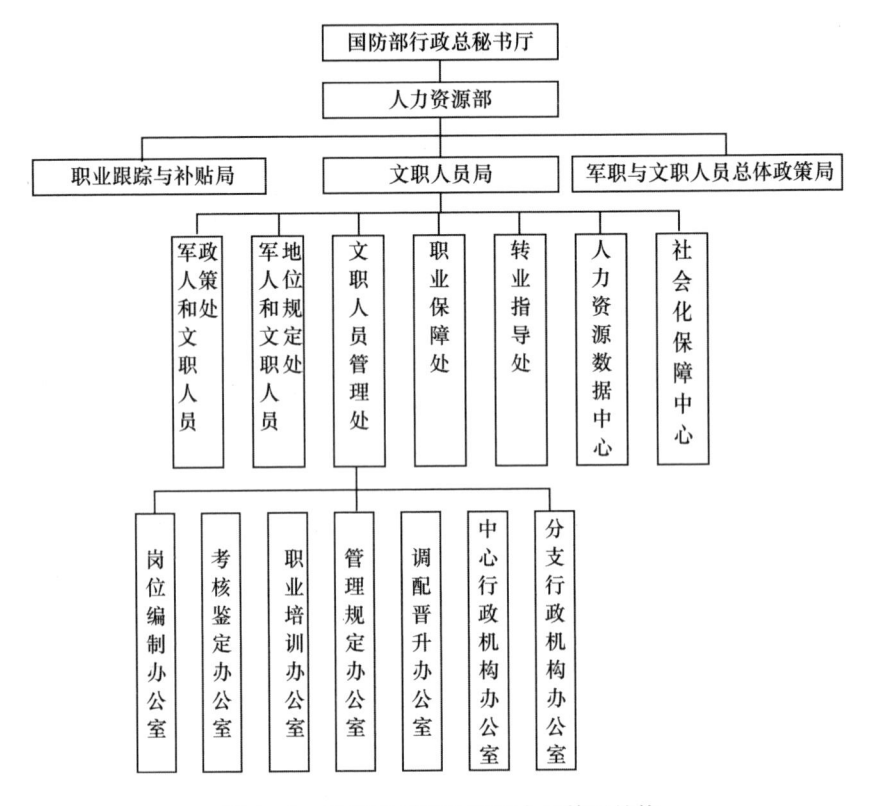

```
                    ┌─────────────────────┐
                    │  国防部行政总秘书厅  │
                    └──────────┬──────────┘
                               │
                    ┌──────────┴──────────┐
                    │      人力资源部      │
                    └──────────┬──────────┘
         ┌─────────────────────┼─────────────────────┐
┌────────┴────────┐  ┌─────────┴────────┐  ┌─────────┴──────────┐
│ 职业跟踪与补贴局 │  │    文职人员局    │  │ 军职与文职人员总体政策局 │
└─────────────────┘  └─────────┬────────┘  └────────────────────┘
```

图 4—1　法国宪兵部队文职人员管理结构

资料来源：张裔、宋振华："外军文职人员制度特点"，《边防学院学报》第 38 卷第 5 期。

文职人员作为军队战斗力的重要组成部分，其虽然不直接参与军事作战，但其工作内容会紧紧围绕顺利开展军事活动的各个方面，因此文职人员的专业技术水平和任职能力对于军队遂行各项任务至关重要。为提高文职人员的工作能力和技术水平，各国都很重视对文职人员的培训，以便更好地为军队建设服务。法国同样高度重视文职人员入职后的培训，主要体现在顶层设计和法律法规保障两个方面。首先，法国有专门的文职人员培训机构，负责制定文职人员培训计划，并监督培训计划的具体实施。其次，法国在《国家公职人员条例》中对于文职人员培训事宜也有明确的规定：法国军队包括宪兵部队文职人员必须参加规定的训练。① 国家统一制定、实施并监督文职人员培训工作对于深化文职人员体制,加强法国国防建设起到重要作用。

四、法国宪兵部队文职人员的福利保障

文职人员不享受军职人员特有待遇,薪金比同级军官低。在住房保障方面,只有担任高级职务的文职人员才可按国家有关规定享受职务住房,其他文职人员需要自己租房或购买私人房产。但国家公职人员可以享受的补助,如家庭、住房、子女、交通、出差补助等,文职人员同样可以享受。法国在1964年修改了文职人员及军人退休金法(立法部分),承认法国宪兵部队文职人员属于国家公务员,属于拥有国家编制的公职人员,其工资级别根据本人的职级、工龄、工种等因素确定,统一执行政府确定的指数工资标准,同时也享受地方公职人员的各种补助。

五、法国宪兵部队文职人员制度法规

《法国国家安全与防务白皮书》明确规定:文职人员是职业化防务的一个完整组成部分。文职人员尽管在条例规定方面不受他们军人同事相同的限制,但也做出巨大贡献,表现出非凡的才能。因此,国家应从法律法规层面完善各项制度,增强文职人员岗位吸引力,以吸收更多文职人员更好地参加其单位的重大行动,并鼓励文职人员在支援职能方面担负更多责任。经过多年的发展,针对法国军队和法国宪兵部队文职人员的法律法规已经相对完善。

法国近年来十分注重加强向文职公共机构和着制服的国家公职人员队伍的转业工作。根据军人全面法第4139-2条规定建立职业配套计划,其中部分措施用来协助和补偿文职人员的地区与职业流动。这些措施与鼓励文职人员和军人转业的措施相配套,产生了积极效应,强制性的地区流动减少,职业上的流动性得到鼓励,有利于包括文职人员在内的人员获得工作和住房。法国还出台法律保证用人单位承认文职人员工会的

---

① 张裔、宋振华:"外军文职人员制度特点",《边防学院学报》第38卷第5期。

权力和工会组织的结社自由。①

自2001年以来，法国制定了有关残疾人就业政策的方针和目标，确定了在残疾人就业方面的优待政策，还制定了《2016—2018年部级残疾计划》。②与法国公务员制度一样，法国军队和宪兵部队都必须雇佣6%的残疾工人。自2006年1月1日起，持有残疾人权利和自力更生委员会（CDAPH）颁发的残疾工人资格认证证书（EX COTOREP）者；残疾证持有人；残疾人津贴领取者；工伤事故或职业病的受害者和年金持有人；工作收入或收入能力减少至少2/3者；领取残疾养恤金者；领取军人伤残养恤金的前军人及类似人员；因公受伤的消防志愿兵，都可以通过签订合同，被长期任用为文职人员。属于以上情况的残疾人公民，可以受聘担任A类、B类和C类公职。合同期限相当于通过竞争性考试的候选人在同一职位上的试用期（通常为一年）。合同可以延长一次，期限相同。合同结束后，在通过专业面试以及评估任务和任务之后，可以获得长期任用并成为公务员。由于申报文职人员残疾人专岗报名和审批手续及过程十分严格，申请存在一定难度，但法律和制度为残疾人就职提供了许多便利和保障。例如，在残疾人参加文职人员招聘考试时，只要出示主管残疾人事务的行政部门的注册医生签发的医疗证明，应聘的残疾人就可以根据其残疾的性质或残疾程度对考试提出特殊要求。法律明确规定，录用之后，残疾人文职人员享受与其他文职人员同样的报酬和津贴，同时也享受工作岗位的调整和特殊的医疗服务。③公共服务部门残疾人安置基金依法资助在法国宪兵部队供职的残疾文职人员，目的是便利残疾人的职业生活，使他们能够更好地发挥自己的潜力。④

---

① 《法国国家安全与防务白皮书》，第145-146页。
② Ministere de la defense. Plan handicap. (2018-07-28). https://www.defense.gouv.fr/english/sga/sga-in-action/human-resources/handicap/plan-handicap.
③ Ministere de la defense. Personnes en situation de handicap. (2018-07-28). https://www.defense.gouv.fr/english/sga/le-sga-a-votre-service/recrutement/personnes-en-situation-de-handicap/personnes-en-situation-de-handicap.
④ Ministere de la defense. Le maintien ou l'intégration dans l'emploi. (2018-10-12). https://www.defense.gouv.fr/english/sga/sga-in-action/human-resources/handicap/le-maintien-ou-l-integration-dans-l-emploi.

第三节 可以学习借鉴的经验做法

一、基于开放包容理念的人才招揽模式

"聚天下英才共揽之","不拘一格降人才",开放包容的人才招聘理念是法国宪兵部队文职人员制度的最大优势。

(一) 国际化的文职人员招聘视野

国际化的人才招聘视野,是法国宪兵部队文职人员制度的一大突出特色,也是其开放包容理念的核心体现。法国军队和宪兵部队文职人员的招聘范围不局限于法国境内,法国国防部海外也开通了招募渠道。年满18岁的法国公民或欧洲公民(欧盟成员国或者冰岛、列支敦士登、瑞士、摩纳哥和安道尔等国公民),具有良好声誉,无犯罪记录,只要有意愿加入法国宪兵部队文职人员队伍,并通过相应考试考核,就可以成为一名法国宪兵部队文职人员,为法国国防事业做贡献。即申请人不需要是法国人,只要他是欧盟成员国人,或者冰岛、列支敦士登、瑞士、摩纳哥和安道尔等国家的公民,同样有资格申请法国宪兵部队文职人员的所有职位。

宪兵部队的文职人员虽然不直接参加军事战斗和军事活动,但是文职人员岗位职责也紧紧围绕宪兵部队各项职能使命,涉及军用物资的采购管理、军事装备的科研开发、军事任务的后勤保障、军事医疗保障等方面。出于国防安全考虑,军事领域参与者通常是具有本国国籍、政治合格的人。基于法国民众参与文职人员热情不高和不惧不怕的民族自豪感,法国宪兵部队打破国界限制,招募国际人才加入军队和宪兵部队文职人员队伍,这项大胆的跨国境招募制度最大程度上保障了法国宪兵部队文职人员整体数量和质量,提升了文职人员的战斗力。同时,法国宪兵部队招聘文职人员不设置统一考试,而是为针对各岗位录取到适合本岗位的人才,根据招聘岗位、部门分别举行多次多类考试。

(二) 温暖人性化的文职人员招聘格局

帮助残疾人就业从来都是各国所关注的重要工作。首先,与大多数国家相似，法国公共服务部门会给残疾人发放补助金，资金由残疾人安置基金资助，目的是资助残疾人走上职场。但除此之外，法国还通过制定法律保障残疾人获得就业机会。法国法律规定，与法国公务员制度一样，法国军队和宪兵部队必须雇佣6%的残疾工人。此举不仅是法国军事发展战略与国家社会发展融合的生动体现，更为法国宪兵部队全面打造优秀文职人员队伍提供了有利平台。其次，被录用后，残疾人文职人员与其他文职人员的报酬和津贴是一样的，但同时残疾人文职人员可以得到工作岗位的调整和特殊的医疗服务。[1] 为提高对残疾问题和残疾人就业工作重要性的认识，自2009年以来，法国武装部每年组织一次为期数周的巡回培训和宣传运动，向军事和文职人员及其家属宣传残疾问题，鼓励残疾人加入文职人员队伍。这些努力提高了公众对残疾问题的认识，也是使残疾人可持续融入社会的关键，给予他们的经验、技能和职业抱负得到发展的平台。[2] 促使身体残疾的文职人员在法国宪兵部队贡献了极为重要的智力支持。可以说，残疾文职人员为维护法国国家和社会稳定发挥了直接（作为宪兵部队的一部分，维护社会稳定是其基本职能）和间接（降低失业率，减少社会矛盾发生的可能性）的双重作用。

二、明确身份定位的职业发展路径

开放包容、共聚人才固然是多年来的制度优势，但如何解决这种因军民融合而引发的身份认同问题，成为法国宪兵部队文职人员制度建设发展面临的现实障碍。在大多数情况下，宪兵和平民在为部队服务时能和谐地共同工作。然而，有情况表明，由于各种改革和结构调整，现役军人和平民均面临身份地位的认同危机问题。比如，现役军人对其在社会中的地位提出质疑，如因被降级、不合理的管理而心生不满。也有分析表明，文职人员在部队中的身份地位并未得到明确和承认，在某些情

---

[1] Ministere de la defense. Personnes en situation de handicap. (2018 – 07 – 28). https://www.defense.gouv.fr/english/sga/le – sga – a – votre – service/recrutement/personnes – en – situation – de – handicap/personnes – en – situation – de – handicap.

[2] Ministere de la defense. Sensibilisation au handicap. (2017 – 10 – 12). https://www.defense.gouv.fr/english/sga/sga – in – action/human – resources/handicap/sensibilisation – au – handicap.

况下担任高级职务的机会受到抑制，职业道路也不明确。总的来说，现役人员和文职人员对各自身份属性都缺乏清醒的认知，有时甚至相互误解，这不但会制约文职人员的职业发展和进一步成长，制约其职能作用进一步发挥，同时也会引发军人和文员在未来联合任务执行中的一系列问题。

（一）界定文职人员法律地位

身份定位问题是文职人员制度的核心问题。以法军为鉴，科学定位文职人员的社会身份和军内身份，对于完善武警部队文职人员制度、解决队伍建设中的矛盾问题具有重要意义。在这种情况下，文职人员身份定位问题是进一步完善文职人员制度建设的基础。

（二）区分文职人员岗位类别

文职人员年龄普遍较轻，很大程度上是应届毕业生和参加工作不久的往届毕业生。队伍年轻充满活力，这是我武警部队文职人员队伍的优点，但是年轻缺乏实操经验也是这支队伍的短板。同时由于设置文职人员的岗位主要是教育和医疗，从事这类岗位工作的女性偏多。女性心思细腻，耐心认真，但同时思想敏感，体力较弱，与男性相比家庭负担重，这些都在一定程度上影响了文职人员队伍的战斗力。对比法国宪兵部队中文职人员的性别比例可以看出，法国宪兵部队中男女比例基本平衡，年龄层次趋于中年。这样的队伍思想稳定，经验丰富，无论是理论上还是实践上都能很好地胜任工作。

三、完善管理考核的职业评价机制

（一）把好入口关

只有把握好选拔工作，才能保证文职人员队伍的质量，切实做到引进人才，从而为武警部队文职人员队伍选拔优秀人才。聘用工作进行前，要按照有关规定，结合本单位实际拿出切实可行的招聘方案，明确聘用专业、数量等，对思想政治素质、学历、年龄、经历和身体素质等方面要求进行细化。同时，还应将相关规定公开，并在录用后进行公示，以接受社会的监督。在聘用工作中，应严格按照条例进行，组织部门应严格监督。

目前，法国警宪兵部队文职人员在招聘录用的广泛性、选拔考试形式的多样化等方面表现出开放包容的特色，为招揽人才，真正唯才是举，有效提升文职人员队伍质量注入了强大活力。而我国武警部队在吸纳人才方面目前还主要以面向应届毕业生直接招聘、社会成熟人才直接引进以及现役军人转改三个渠道，与人才素质本身无关的限定因素过多，在很大程度上对人才选拔形成了局限。且目前在文职人员招聘环节也仍是采取单一的一考定终身模式，影响了人才选拔的质量。因此，需要从以下方面着手构筑有效平台，抢占人才高地，以开放包容打造文职人员精兵劲旅。

拓宽引进渠道，努力形成集聚人才、提升人才、用好人才的体制机制和发展环境，优先鼓励专业人才。法国宪兵部队招聘文职人员时并不局限于法国籍公民，欧洲公民也可以应聘，人才来源广泛，人才质量整体较高。我们也可结合不同岗位性质及任职需求，最大限度拓宽人才引进渠道。着眼在更大范围、更高层次推动军地人才融合发展，增强文职人员制度在吸纳社会优秀人才为军队服务中的比较优势。法国宪兵部队不统一举行文职人员考试，而是根据招聘岗位、部门分别进行考试。这样的招考方式专业性强，能够针对特定岗位录取到适合本岗位的人才。法国吸取了以往的经验教训，不断完善文职人员薪金、福利保障制度，建立结构调整的社会和职业配套计划，其中部分措施用来协助和补偿文职人员的地区与职业流动。这些措施与鼓励文职人员和军人转业的措施相配套，产生了积极效应，有利于调动文职人员工作积极性。

（二）把好培训关

文职人员大部分是从地方院校毕业，缺乏部队工作经历，实践经验少。因此，首先要做好岗前培训。要通过对文职人员培训使他们在具备基础素质和专业素质的基础上，提高心理素质和教育素质。通过岗前培训，使文职人员系统学习我军的军事思想，了解军队特色，学习军队建设的方针政策，从而尽快适应部队环境，更好地完成任务。其次，要做好继续教育。要建立合理畅通的机制，让文职人员每隔 2-4 年能够得到军队院校的正规培训，以提高其工作热情和业务素质。最后，要鼓励学历深造。军队要允许文职人员考取硕士、博士研究生，并且要在其上学期间给予适当的补贴，同时还要确保其毕业后为部队继续工作，避免人才流失，解除他们的后顾之忧。

（三）健全管理关

为进一步加强文职人员管理，法国国防部专门成立了文职人员管理局，制定了一系列相关法律、条例、条令，对文职人员的招聘、管理、工作和待遇等做出明确规定。相比之下，武警部队文职人员制度建设的管理机制还不完善，文职人员制度作用和功能还未得到充分发挥。必须不断完善文职人员管理机制，建立健全文职人员管理体系。

文职人员政策制度改革的根本目的是与新时代武警部队职能任务需求相适应，托举强军目标。纵观法国宪兵部队文职人员制度的历史演变可以看出，其组建初衷、组织形态、运行方式均着眼于宪兵部队使命需要，着眼于国防战略需求。建设及改革始终与军队职能任务需求相适应，是法国宪兵部队文职人员制度的一大特色。《法国国家安全与防务白皮书》中指出，文职人员是职业化防务的一个完整组成部分。文职人员虽然在条例规定方面不受其军人同事相同的限制，但也是做出了巨大的贡献，表现出非凡的才能。因此，应该始终努力完善制度，吸引文职人员。文职人员应该更好更多地参加其单位的重大行动，鼓励文职人员在支援职能方面担负更多的责任，鼓励文职人员参加海外行动，[①] 特别是在民事－军事结合行动范围内对前战乱地区的稳定或重建行动而言。由此，武警部队文职人员组织形态建设必须从顶层设计上就聚力向建设"能打仗、打胜仗"的高素质军事人才队伍聚焦。

2018年1月，习主席在训词中提出武警部队"两个维护"的使命任务，即维护国家安全和社会稳定、保卫人民美好生活，维护政治安全特别是政权安全、制度安全，这是主席对武警部队有效履行根本职能的最新要求。2018年3月，中共中央印发《深化党和国家机构改革方案》，消防、边防、警卫、黄金、水电、森林六大警种全部退出现役，移交地方。海警转隶武警部队，撤收海关执勤兵力，警的职能剥离，民的作用

[①] 《法国国家安全与防务白皮书》，第149页。

划分出去，已经实现了从陆地向海上、从维稳向维权、从境内向境外、从平面向立体、从固定向机动全域多维度拓展。由此，武警部队文职人员组织形态建设，必须以此作为根本原则和需求牵引，时刻以"两个维护"需要为导向，加强文职人员制度顶层设计。以辅助性的管理、行政、技术、科研、医疗、运输等保障任务为基础，形成基于联合、平战一体的人员运用政策制度，精准高效，全面规范，集中主要力量聚焦打仗、提升战斗力水平。[1] 同时，加快体制改革创新步伐，始终做到战争制胜机理和战斗力生成模式怎么变，文职人员制度就怎么调整；多样化使命任务拓展和深化到哪里，文职人员制度改革就跟进到哪里。

【参考文献】

[1] David E. Johnson, Jennifer D. P. Moroney, Roger Cliff, M. Wade Markel, Laurence Smallman, Michael Spirtas. Preparing and Training for the Full Spectrum of Military Challenges [M]. Santa Monica. Rand Corporation, 2009: 59, 62.

[2] 杨莲珍、石宝江：《他山之石》，人民武警出版社 2011 年版。

[3] 柳惠千：《法国国防与空军》，高手专业出版社 2006 年版。

[4] 法国国防部：《法国国家安全与防务白皮书》。

[5]〔法〕阿尔贝·索布尔著，马胜利、高毅、王庭荣译：《法国大革命史》，北京师范大学出版社 2015 年版。

[6] 周洲："解读第二军人世界军队文职人员情况面面观"，《政工学刊》2017 年第 8 期。

[7] 马莉："外军文职人员队伍建设的特点及启示"，《重庆通信学院学报》2012 年第 5 期。

[8] 刘秋宏、张璟："美军陆军文职人员任职转型"，《教学与保障》2010 年第 2 期。

[9] 段磊："英、法文官考任制度比较"，《公共管理》2006 年第 8 期。

---

[1] "重塑军事政策制度体系的战略部署"，《解放军报》2018 年第 11 期。

［10］王永斌、江玉贵："美国陆军文职人员领导力培养体系",《外国陆军》2013 年第 3 期。

［11］刘秋宏、张璟："美军陆军文职人员任职转型",《教学与保障》2010 年第 2 期。

［12］李小波、冯道康："法、德、日警察权考察及其启示",《净月学刊》2013 年第 4 期。

［13］马莉："外军文职人员队伍建设的发展及启示",《重庆通信学院学报》2012 年第 5 期。

［14］张凤坡、李路："透视外军文职人员制度",《解放军报》2013 年第 12 期。

［15］Defense Key Figures 2018. ［EB/OL］. ［2019 – 05 – 20］. https：//www. defense. gouv. fr/actualites/articles/chiffres – cles – de – la – defense – 2018.

［16］www. wikipedia. com ［EB/OL］. ［2019 – 05 – 20］.

［17］Presentation de la Gendamerie. https：//www. lagendarmerierecrute. fr/Documentation/Presentation – de – la – Gendarmerie – nationale. ［EB/OL］. ［2019 – 05 – 20］.

［18］https：//www. interieur. gouv. fr/fr/A – votre – service/Le – ministere – recrute/Gendarmerie – nationale. ［EB/OL］. ［2019 – 05 – 21］.

［19］https：//www. defense. gouv. fr/english/sga/sga – in – action/human – resources/recrutement – civil. ［EB/OL］. ［2019 – 05 – 20］.

［20］Ministere de la defense. Recrutement d'ouvriers de l'État. ［EB/OL］. ［2019 – 05 – 23］. https：//www. defense. gouv. fr/english/sga/sga – in – action/human – resources/recrutement – civil/recrutement – d – ouvriers – de – l – etat.

［21］Ministere de la defense. Recrutement de fonctionnaires par détachement ou en position normale d'activité. ［EB/OL］. ［2019 – 05 – 20］ https：//www. defense. gouv. fr/english/sga/sga – in – action/human – resources/recrutement – civil/recrutement – de – fonctionnaires – par – detachement – ou – en – position – normale – d – activite.

［22］Ministere de la defense. Donnez du sens à votre carrière：civilsde ladefense. ［EB/OL］.［2019 - 03 - 20］. https：//www. defense. gouv. fr/english/sga/sga - in - action/human - resources/recrutement - civil/donnez - du - sens - a - votre - carriere - civils - de - la - defense.

［23］Ministere de la defense.［EB/OL］.［2019 - 05 - 12］. https：//www. defense. gouv. fr/English/actualites/communaute - defense/engagement - du - ministere - pour - l - egalite - entre - femmes - et - hommes.

［24］Ministere de la defense.［EB/OL］.［2019 - 03 - 20］. https：//www. defense. gouv. fr/english/sga/sga - in - action/human - resources/politique - rh - militaire - et - civile/politique - rh - militaire - et - civile.

［25］Ministere de la defense. Métiers de la Défense.［EB/OL］.［2019 - 03 - 20］. https：//www. defense. gouv. fr/english/sga/sga - in - action/human - resources/metiers - de - la - defense/metiers - de - la - defense.

［26］Ministere de la defense. Personnes en situation de handicap.［EB/OL］.［2018 - 07 - 20］. https：//www. defense. gouv. fr/english/sga/le - sga - a - votre - service/recrutement/personnes - en - situation - de - handicap/personnes - en - situation - de - handicap.

［27］Ministere de la defense. Sensibilisation au handicap.［EB/OL］.［2018 - 05 - 20］. https：//www. defense. gouv. fr/english/sga/sga - in - action/human - resources/handicap/sensibilisation - au - handicap.

［28］Ministere de la defense. Le maintien ou l'intégration dans l'emplo.［EB/OL］.［2017 - 07 - 28］. https：//www. defense. gouv. fr/english/sga/sga - in - action/human - resources/handicap/le - maintien - ou - l - integration - dans - l - emploi.

第 五 章

标新领先的英国军事警察部队文职人员制度建设

英国陆军、皇家空军和皇家海军均设有自己的军警局，在编制上军警局列入国防部常务次官所属部门。英国军事警察是国家法律规定和确认的军法执法者，平时主要负责纠察军纪、维护军队内部秩序、调查军人犯罪案件、扣押违法违纪军人等任务。而一旦发生战事，军事警察部队则负责后方保障，如看管战俘、收容掉队军人、传递军内文书、照顾难民、预防战时抢劫等。[①] 英国军事警察部队的最小编制单位为连，英国军队所属的军区、兵团和独立部队都有军警连。英国军警隶属于三大军种，其文职人员招录、使用、管理和保障体系则按照英军文职人员的相关制度规定执行。英国是全世界最早建立军队文职人员制度的国家，其文职人员制度随着世界军事变革进程不断优化发展，成为西方主要国家建立文职人员制度的主要参照。

第一节 英国军事警察文职人员制度发展历程

一、英国军事警察文职人员制度萌芽

英国文职人员制度源于其文官制度，英国是西方世界中第一个确立近代文官制度的国家，所以其在西方国家中也是最早建立军队文职人员

---

① 刘植荣："论军事警察的概念及特点"，《河南公安高等专科学校学报》2000 年第 4 期。

制度的国家。

19世纪以前，英国政府机构控制在贵族手中，当时政府官员的遴选和录用很不规范，对应的薪俸配备、日常管理也是十分随意和混乱。在文官的选用上，恩赐官职制被广泛施行，政府各部大臣或其下属机构的负责人，可以根据个人意愿任命文官，国王则可以通过颁布特许状对某些高级文官进行任命。这种随意的恩赐制度使得当时社会上买官卖官、请人代官等各种腐败现象蔓延滋生，导致文官系统各类腐败、渎职和低效等现象频发，引起人们的强烈不满。于是在1782年，英国决心推行以廉洁高效为主要目标的文官制度深度改革，议会随之颁布了第一批行政管理制度改革法案。特别是在1832年开展议会改革后，要求对文官制度进行更深入、全面改革的呼声更加强烈，代表工业资产阶级利益的议员们，更是直接要求对文官的录用和晋升制度，进行彻底改革以更好地适应社会经济发展的需要。1854年，诺斯科特（Stanfford Northcote）和杜维廉两位国会议员，对当时的文官制度进行了（Charles Trevelan）广泛深入的调查研究，提出一项改革方案，即成为现代文官制度基本框架的"诺斯科特—杜维廉报告"。报告提出以下四项建议：第一，将政府中的行政工作分为智力工作和机械工作两大类，其中智力工作由大学生来担当，而机械工作则由相对低级的人员来担任；第二，初任人员均应在年轻时通过选拔考核；第三，各部人员要进行统一的调配和管理，并根据需要在各部之间实现互相转调与提升；第四，官员的提拔以上级的考核报告为依据。这些建议后来均以法令的形式被予以颁布并付诸实施之后又经过一系列的改革优化，由此英国逐步建立了近现代文官制度。文官制度的建立为文职人员制度的创建奠定了基础，形成文官控制军队的基本格局。

二、英国军事警察文职人员制度发展

进入20世纪以后，英国的文官人员数量急剧膨胀，开始暴露出腐败滋生、效率低下、福利待遇畸高等一系列管理不规范的问题，为了解决这些问题，英国又在西方国家中率先颁布了《福尔顿报告》（1968年），其要点有：（1）建立文官部，统一文官管理；（2）各部建立统一的职级结构并向所有人员"开放",打破原有的部门垄断;(3)成立文官学院;(4)限制高级文官的权力;(5)建立对外开放交流的机制。报告直指英国文官制度中的种种弊端,针对性地提出制度改革的方向和重点。此后,英国充分引入现代人事管理理论,通过公开竞聘、考试录用的方式,从社会人才、院校学生、企业人才和退役军人中广泛招录文职人员。可以说,该法规的出台及其后续改革标志着现代军队文职人员制度的正式建立,英国军警文职人员制度也随之日益完善。经过几十年的发展,英国军警文职人员制度已经建立了涉及文职人员招录、选拔、使用、培训、晋升、保障等一整套较为成熟完善的管理体系,先后出台了《文官法》《军内文职人员条例》《危机和战争期间对文职人员的有关规定》《文职人员调任手册》和《文职人员薪金手册》等。随着现代军事变革进程的不断发展,英国国防部一直致力于文职人员制度的改革优化,特别是近年来,为适应科技革命给军事领域带来的深刻变革,牢牢把握战争的主动权,国防部开展了一系列大规模的专项调研及文职人员岗位效能评估,推动文职人员制度不断完善。

三、英国军事警察文职人员制度改革

2010年,英国政府发布题为《不稳定时代的强大英国》的国家安全战略报告,将包括"恐怖主义、网络攻击、涉及英国及其盟国的国家间军事危机、重大事故和自然灾害"等非传统威胁确定为英国面临的主要安全威胁。安全威胁的变化,加之近年来严峻的经济形势,使得英国高层着眼未来军事斗争形势发展,掀起新一轮军事改革。2011年6月,英国国防部向议会提交了《国防改革》报告,各项改革工作正式启动。其中涉及文职人员制度的改革措施主要有:评估如何平衡军职与文职人员之间的关系;以提升部队作战能力为目标优化现役高层和文职官员比例;降低人员流动频率,延长文职人员在岗任职年限(如要求高级文职人员的正常任职年限达到4—5年)。[①]

特别是近年来,随着英国国际国内形势的不断变化以及军事警察队

---

① 王培志:"外军文职人员制度的改革发展",《国防参考》2017年第9期。

伍调整改革的不断深入，其文职人员制度也被不断地调整优化，但是整体上看，主要表现在以下三个方面：

（一）"尖而强"的文职人员引进趋势

英国法律规定，只要有利于军队建设，任何部门均可使用文职人员，因此文职人员分布岗位非常广泛。随着部队的发展，特别是高精尖武器应用的不断普及，对高素质人才的要求普遍提高，高学历、高层次人才在部队建设发展中被摆在越来越重要的位置。特别是近年来，部队智能化应用、信息化装备不断普及，对文职人员的学历提出更高要求。但从整体情况来看，高学历文职人员主要集中在高等院校、科研院所等单位，其中科学家占据了相当比例。有些院校的文职人员中有不少是牛津、剑桥等著名学府毕业的高材生；当前参与人工智能、信息网络安全、新型高科技军事武器等研究与开发的人员中，文职人员的占比高达96%。因此，英国军警部队的文职人员不只是从事文书、管理和后勤等事务性工作，大量的高学历文职人员从事着直接或间接决定能否有效履行职能使命的关键性工作。

（二）"少而精"的文职人员布局趋势

随着国际形势的变化，英国军警部队在体制编制上越来越强调"少而精"的原则，适当削减了文职人员总量，以使部队保持合理的规模结构。20世纪90年代初，英国从整体上对低效益岗位的文职人员进行了一定的削减。2004年4月英国国防部制定了10年来最大规模的裁军计划，同时也对整个部队包含军警部队文职人员进行了一定量的裁减，主要是平衡部分文职人员与社会保障力量的保障配比。2010年10月，英国先后出台了《国家安全战略报告》和《战略防务与安全审议报告》，计划在2020年前将文职人员再次减少30%。但据最新公开的数据显示，虽然英国文职人员总数在减少，但从整体上来看，其高级文职人员的数量却在持续增加。[①] 以国防部为例，2015年以来共增加了54名高级文职人员，其中国防装备和支持部门（DE&S）增幅最大，多达35人，也

[①] Tim Ripley, UK MoD makes slow progress on civilian job cuts, Jane's Defence Weekly, 30 - Jun - 2017.

就是说，英国参与高层决策的文职人员越来越多，地位也越来越重要。

（三）"稳而专"的文职人员编配趋势

为了使高级文职人员更好地为军警部队岗位从事系统性的专业服务，要求高级文职人员的正常任职年限达到4—5年。英国国防部通过调研发现，越是专业技术要求高、高科技含量大的岗位，越需要更多、更专业、更稳定的人才队伍，这样才能保证原有的技术方向、研究团队和整体力量保持一定持续性和稳定性。因此，国防部针对高科技领域的高级文职人员，特别是从事人工智能应用、信息网络发展、高新装备体系建设发展等研究的文职科研人员，会较普通文职人员相比，要求有更长的任职年限，在福利待遇、生活保障和晋升空间上有更多的优惠政策，从而使得英国部队专业性强、技术性高，并且持续性要求也很高的部门岗位能够拥有较为稳定的文职人员队伍，一定程度上保证了上述核心业务的连续性和高效性。

随着英国整个部队的员额在总量上有所压缩，文职人员的数量也随着英国军警队伍的集约化发展而有所减少，但是其特定岗位的人数却呈现持续上升趋势：一是机关管理人员特别是高级管理人员数量在增加。英国部队中很多高级及中高级管理岗位越来越多地编配文职人员，从部队顶级决策层的高级官员到管理岗位的重要领导，文职人员都占有相当大的比例，这样极大地提高了英国军警部队多类编成人员协调、指挥、协同、合作的效率，也大大增强了整体的凝聚力、组织力、行动力和执行力。二是专业性、技术性较强的部门特别是高科技核心部门的高学历文职人员占比也在逐年增加，一方面，军事高新技术的不断应用与发展，使得全世界各军事强国文职人员呈现高科技专业人才数量高增长发展态势；另一方面，英国高层通过各类施惠政策和完善的保障制度进行针对性人才引进，使得面向新型军事装备研发、专项军事科技项目研发、高级作战理论与应用研究等岗位的文职人员相对稳定，大大增强了军事高新技术应用岗位工作的针对性和有效性。三是军事理论研究和战术研究的文职人员数量有所增加。这些岗位须具备必要的长期性、持续性特点，因此在此类部门重点安排文职人员岗位，可以使高层次军事战略、长远规划和作战理论等研究得到人员、岗位和制度上的保证。

第二节　英国军事警察文职人员制度建设实践

一、英国军事警察文职人员岗位和任务

英国军警文职人员的岗位主要分布在各种流动性较小而又相对稳定的部门，主要包括五大方面：（1）重要岗位的"决策层"。在英国，文职人员受重视程度从其岗位编配上就能得到明显体现，上至国防部长、常务次官，下到一些军事院校的校长、副校长，都是由文官担任的。而在英国军事警察部队，相关各层级决策部门的领导、机关办公室的主要负责人、政策研究机构的领导、军事院校相关专业或科研机构研究室的主任等，都编配一定比例的文职人员。他们有些从事专门的高级别军事研究、军务管理与军事决策事务，有些从事持续稳定的战略战役的军事理论研究，还有些从事军事教育教学理论研究、教学实践或军事应用科研工作。（2）保障勤务部门。像秘书、打字员、仓库管理员、被装管理人员、饮食保障人员、营房管理维护人员，以及各类装备的维护保养人员、各类信息化设备运行维护人员等后勤系统，绝大部分为文职人员，他们虽然不直接参与作战任务，但参与物资供应、设施维护、生活服务、医疗、维修、运输等保障的各个方面，是日常军事训练乃至战争决胜的关键支撑和根本保证。（3）军事院校。军事院校中近12%的文职人员从事与军警相关专业的教学、管理及科研工作，同时也会参与重大军事演习，甚至直接参与军事行动的相关管理服务或技术支持工作。（4）专业性技术岗位。在军警高科技装备研究与发展、军事理论研究等机构中，文职人员所占的比例达96%，其中工程师、软件设计师、物理学家、化学家等专业技术人员占文职人员总数的13%。（5）文化宣传部门。如印刷服务部门、图书馆、报刊杂志社的工作全部由文职人员担任。

二、英国军事警察文职人员的选用和管理

（一）招录

英国军警中的文职官员主要由政府公务员委员会统一录用后通过分配的方式到部队任职岗位工作，而一些专业性较强的职员则从社会上直接招聘。虽然英国政府在2015年已完成对文职人员的部分裁减，但却设置了更多技术性高、专业性强的部门岗位编配高学历文职人员，如新型装备技术、多域通信通联、侦察与情报、网络空间安全等专业文职人员的社会招聘规模比例呈持续增长趋势。

（二）培训

英国军警部队规定对新录用的文职人员都要按制度进行任职前军事训练，包含军事体育基本素质能力训练、常规任务的常识性训练、专项军事任务针对性训练等。同时，参加不同类别、不同级别的军事活动、重大演习、作战行动时，还要根据不同任务需要进行必需的军事体能和装备操作等训练。任职以后，还要根据任职单位的业务需求和任务要求，对文职人员分不同层次进行必要的专业训练。为此，英国还专门成立了针对文职人员使用培训的教育及管理机构。英国军警为现役军人和文职人员分别制定了规范的培训使用制度，其中文职人员的培训提升分为两方面：

一方面，结合岗位需要和任职提升规定的制度化培训。一是岗前培训。为使新文职人员尽快熟悉工作情况，详细制定了相当于军官任职前训练的见习训练计划。二是业务提升轮训。对于分配在领导岗位上的文职人员，则制定完善的轮训计划按期选送至各级军事院校培训，提高业务能力。三是晋升前培训。针对特定提升岗位能力需求，进行专项业务培训或领导管理能力培训，提升其任职能力和领导水平。四是战前训练。除上述常规的培训计划外，文职人员参加作战任务前要经过参战培训，训练内容包括战区情况、各种武器和防化器材的使用常识、法律问题、战争法、自卫训练等。

另一方面，是针对个人能力需要进行相对自由化的培训。主要是面向有获取职业资格认证意愿需求的文职人员，为其提供培训机会。针对以上各类任务构建远程教学环境培训，英国军警部队一直致力于改善文职人员培训条件，如扩展语言培训、增建国防部的互动式学习设施及引进电子教学设备等，不断丰富现有培训资源，提升人员培训的设施条件。① 近年来，美国军警部队更是瞄准现代教育理论和基于信息新技术的教学模式，不断强化和应用新的信息化培训教学手段，注重网络化、信息化、模拟化培训设施条件建设，为在文职人员工作之余的培训提供各类软硬件保障。软环境建设方面，对培训学习的申报、学习管控、考核认定等流程进行了详细的规定；硬环境建设方面，对从教学设备、教学设施、教学环境不断进行现代化改造升级。同时，根据专业门类、服务部门、工作年限、职级发展建立起系统的文职人员个人培训计划，并通过多种渠道为文职人员提供在职培训机会，充分利用信息技术教育教学手段和现代化教学环境，组织多种形式的职业资格培训、技能提升培训和岗位历练培训，此外，还设置了专门的培训督导小组，对培训组织、管理和考核过程实施有效的监督管控，对培训合格的文职人员发放相应的认定证书，特别是一些特殊要害的专业性岗位，只有通过培训取得相应的资格证书，才能持证上岗。英国还建立了网络化、信息化的培训档案管理系统，文职人员可以通过网络查询个人培训记录，随时间获取的详细培训信息记录可以帮助他们计划、跟踪、显示个人教育进程。为了建立一个更能满足21世纪警宪部队执行任务需要和业务工作需求的训练体系，英国曾进行过一次系统的国防教育评估，专门对文职人员的培训情况进行了全面摸底，旨在发现教育培训中存在的问题和不足，从而不断优化改进部队文职人员的培训选拔、培训管理和培训效果，建立可以通过长期的培训效果反馈闭环体系作用下的培训优化机制，不断提升文职人员的培训质量和培训管理效率。

（三）晋升

英国文职人员的晋升，主要由各级晋升考核选拔委员会负责，他们根据年度考核报告和任职年限等进行人员确定，其中官员类和职员类文职人员的晋升略有不同。官员类文职人员晋升往往有明确的年限限制，如执行官任期满4年才能晋升中级执行官，中级执行官任期满3年才能晋升高级执行官。职员类文职人员的晋升，通常是在业务考核的基础上，

---

① 郑椿林、耿明华："打造不穿军装的兵——西方国家军队文职人员制度管窥"，《环球军事》2006年第12期。

在全面考量其技术能力和工作表现等情况的基础上进行确定,由上至下共分为6级。为了保证文职人员晋升的公平性和合理性,在晋升、竞聘环节,文职人员岗位的空缺情况、职责要求、聘用标准、任用流程等相关信息会被全部公开,这样文职人员可以充分了解晋升、竞聘的基本情况,以确保整体过程的公平、公开。英国文职人员制度设计的基本理念就是着眼于军事需要、着眼于形成军事组织的核心作战能力,文职人员队伍也是围绕如何发挥"武装力量组成部分"的作用而组建的,因此文职人员的岗位能力需求和晋升条件,也必然是围绕为部队提升战斗力的支撑能力为核心。厘清部队作战能力支撑作用标准条件与文职人员任职岗位及任期考核要素之间的联系与映射关系,英国一直致力于文职人员考核标准指标体系的不断完善和评估方法模型的优化改进。在评价指标上,区分不同专业、不同岗位和不同业务性质要求,分为定性和定量两种评价。为了追求最终评价结果的客观性,他们在评价模型中,考虑了各类评价主体人员的专业背景、任职经历和学历层次,以及评价主体对评价打分结果的自信度等级,再综合以上因素折算出自信系数,最终得到更加客观准确的评价结果。

(四)待遇保障

英国文职人员的工资从国防费用中开支,但文职人员属于政府公务员系列,所以在薪酬待遇方面,他们的基本工资与政府部门相应级别的职员相同,其薪资水平一般略低于军职人员。文职人员可以享受10%—15%的加薪幅度。还可以根据不同岗位、不同任务享受灵活的补贴补助,如加班补贴、夜班补贴等。文职人员还可以享有正常休假、婚假、搬家假和病假等待遇,相对于英国整体社会阶层而言,他们都属于高收入群体。文职人员正常退休年龄一般为60—65岁,退休后领取原工资70%—75%的退休金,并享受住房、医疗和社会保险体系保障。甚至对于部队文职人员的家庭成员也在医疗和社会保障上给予照顾。文职人员的家庭成员也会被部队保障管理部门邀请参加各类福利发放或节日庆祝活动。

(五)管理体制

英国设置文职人员制度历史悠久,有着丰富的实践探索经验,其管理体制经过多年的发展和不断的优化调整，较好地承载起部队文职人员的管理职能。针对文职人员的管理机构相对简单，国防部人事总局下设文职人力资源局，它是管理全体文职人员的最高职能机构。军警文职人员也归该人力资源局管理，该局的主要职责包括：（1）负责文职人员政策制度的制定，并根据部队建设发展和形势任务调整变化，定期对文职人员制度的有效性及实际效果进行调查评估，并根据评估结果对相关政策制度进行调整变化，使之不断完善优化，必要时，还会对特别行业、特别部门或特别时期给出特别说明或特别规定。（2）负责执行官以下文职人员招聘工作，根据各部门文职人员需求，通过调研论证，最终制定每年文职人员招录计划，并整体负责文职人员招聘的组织、资格认定与资料审核工作。（3）负责文职人员的管理。包含文职人员的日常管理、业务培训、常规教育、业绩考核、选拔晋升等。（4）负责文职人员的训练工作。主要包括新招聘文职人员军事素质能力的基本训练。例如，军事行动指挥组织的认知性训练、军事动作及军队行为规范的常规训练等。另外，文职人员还有制度性的训练任务，包含军事体育基本素质能力训练、常规任务的常识性训练、专项军事任务针对性训练等，且不同类别、不同专业、不同层级的部门，训练科目、训练强度及训练量也有所区别。与部队作战行动、应急响应联系紧密的支撑保障文职人员，其军事训练要求也会相对较高。文职人力资源局把文职人员的训练情况也作为其管理考核的一项重要内容，成为文职人员表彰晋升的一项重要参考。（5）负责文职人员的部分服务保障工作，包括文职人员的服装、薪金、待遇等服务保障工作，并且建立了较为通畅的服务反馈渠道，通过搜集到的意见，不断优化服务保障水平，提升服务保障质量。

英国军警部队没有设置专门的文职人员管理机构，日常主要由直接主管领导根据《文官法》《军内文职人员条例》《危机和战争期间对文职人员的有关规定》《文职人员调任手册》和《文职人员薪金手册》等有关条例和政策规定对文职人员实行规范化的管理。这些条例制度明确规定了文职人员的责任、义务以及特殊状况特别是紧急战事情况下的使命要求，在文职人员享受一定优越待遇的同时，也要求其在紧急情况时必须受雇，无论平时还是战时，文职人员在接到上级命令后，必须无条件地服从调动，履行保障任务。

随着信息技术和信息网络的发展，运用信息技术手段对文职人员实施高效管理越来越受到各级部门的高度重视，目前英国军警部队基本上实现了文职人员人事档案系统信息化、智能化管理。已建立了涉及多专业门类、各类别层级的完善的文职人员数据库管理系统，并提供了强大的数据检索、信息统计及综合分析功能。特别是近年来随着云计算、大数据等技术的深度发展，文职人员管理中越来越多地运用现代化信息技术手段，通过综合运用数据挖掘和数据分析技术，人事管理系统能够实时全面动态地反映文职人员现状，对文职人员的分布、结构、类别等进行系统性分析和图形化呈现，可以在全员范围内提供多条件信息检索、预选对象的多层级遴选和多类别的专业团队抽组。另外，这些先进手段还具有综合预测和计划协调功能，能够对文职人员的培训、晋升、职业发展、退出等情况进行提前分析预测，为管理部门提供全要素的数据支撑和决策辅助。

（六）综合服务

对文职人员的日常服务保障工作涉及许多军地频繁互动的事务性工作，为减少让现役人员深入了解地方社会保险、公共生活福利等多种业务的工作情况，英国国防部采用一种第三方专业服务的形式进行文职人员的日常综合性服务保障。在英国，有一个专门为文职人员服务的机构——国防商业服务文职人力资源中心（DBS 文职人力资源），它可以为文职人员提供一整套简化、标准化的人力资源服务，内容涵盖绩效、工作调动、技能提升、工资查询等。此外，当个人健康、福利出现问题时，也会由专业的顾问来指导。当出现以上问题时，直接给人事服务中心（PSC）打电话即可，85% 的咨询问题会在第一时间得到处理，如果暂时得不到解决，顾问将把此事提交到相关的专家商务办公室进行裁定解决。[1]

---

[1] Human resources for civilians working for the Ministry of Defence. [EB/OL]. [2019 - 04 - 21]. https：//www.gov.uk/guidance/human - resources - for - civilians - working - for - the - ministry - of - defence，2013（1）.

（七）退出

英国军警部队文职人员的退出主要有正常退休、个人辞职与用人单位解雇辞退三种。正常退休的文职人员按规定领取退休金，并享受住房、医疗和社会保险体系保障。个人辞职是个人提出书面申请，在不违反战时特别责任义务规定、不影响部队重大任务执行或重大攻关项目进度，以及不影响军事秘密安全的情况下，用人单位经上报上级机关审批答复后予以辞退，但可以继续享受与工作年限相关的交通、旅行等优惠待遇，以及全部的社会公共福利保障。用人单位辞退主要是针对文职人员绩效考核连续不达标、违反法纪条令、出现重大事故等达到辞退标准的情况，可根据有关制度规定进行特定文职人员的勒令辞退。文职人员根据其岗位业务、任职年限和职务等级不同，都要进行不同内容和标准的绩效考核，一般分为年度考核和任期考核，考核成绩可作为薪金奖励、职级晋升的重要参考，同时也是检验工作实际成效的基本指标。通常在连续考核不达标的情况下，文职人员会受到岗位转改和辞退处理，被辞退文职人员将被取消相关福利待遇，享受社会公共福利保障。

三、英国军事警察文职人员的组织与结构

英国文职人员岗位的主要类别可以分为文职官员、职员和工人三类。英军国防部文职官员共分9个级别，级别最高的为常务次官，依次为第二常务次官、副次官、助理次官、大臣助理秘书、主官、高级执行官、中级执行官以及执行官，相当于军官的上将至中尉军衔。职员按其技术和专业能力分级，如绘图员分为主绘图员、1—4级绘图员和见习绘图员等6个级别。科技人员、秘书、打字员、仓库管理员等也都有相应的级别。工人按其工作年限和技术与工种熟练程度也分为若干级别。[①] 总的来说，英国文职人员的组织类别多样，结构体系相对庞大而繁杂，其主要原因是英国文职人员制度建立较早，各专业业务部门都建立了较为成熟的文职人员岗位体系。因此，文职人员的专业类别、岗位层次、服务对象都呈现出多样性和复杂性。但是，不论文职人员从事哪种专业，各

---

① 王瑜："外军文职人员制度评介"，《外国军事学术》2016年第6期。

业务口的组织架构和文职人员编成都有相应明确的制度规定和管理保障体系，并且其任务分工和服务对象也十分明确，不同的专业技术岗位，也都有相应严格的岗位职责、管理措施和考核机制。他们还有专门的工作协调办公室，主要负责各部门的业务协调、数据对接以及专项保障任务协同等。同一组织架构内，文职人员的晋升一般要根据现职年资与服务成绩而定，高级人员注重功绩，低级人员注重年资，不同专业类别、不同任职岗位文职人员的组织架构设置和人员职级梯次配置存在一定差别，不同职级的岗位职责与权利要求及薪资待遇也有所不同。

第三节 可以学习借鉴的经验做法

英国在19世纪就形成现代意义的军警文职人员制度，其在文职人员的管理使用上已经积累了相当成熟的经验，并随着时代的发展和军事任务形势的变化而不断优化完善。由于文职人员制度本身是西方发达国家军队建设的产物，研究、分析英国警宪部队文职人员制度的建设情况，可以为我国武警部队文职人员制度改革提供有价值的参考和借鉴。

一、注重体系建设，从支撑保障上发挥武装力量的补充作用

英国一直把文职人员作为本国武装力量的重要组成部分，在机关、保障单位、科研院所中大量使用文职人员，并不断完善文职人员的使用管理、晋升激励、保障体系等制度机制，使文职人员在推动部队战斗力提升发挥了重要作用，也成为英国军事职业发展的重要内容。英国军警部队文职人员中有各领域的技术专家和熟练工人，为军警多样化任务的有效执行以及日常管理、训练提供了良好的技术保障。随着军事高科技的飞速发展，现代化军警部队呈现出武器装备体系化、组织形态复杂化、岗位分工专业化的鲜明特征。建设一支高素质专业化的非现役队伍，负责完成技术性、专业性、事务性的科研、管理和保障任务，是当前各军事强国警宪部队人事制度改革发展的重点。事实上，随着新的科学技术不断发展并被广泛应用于军事领域，部队各部门对技术和专业的要求越来越高，对技术人员的需求量变得越来越大，使文职人员制度被越来越

多的国家重视。英、美、法、德、以色列等军事强国都把文职人员作为军警人才队伍建设发展的一支重要力量，不断进行巩固加强。因此，必须充分认识到新形势下我国武警部队加强文职人员队伍建设、推动文职人员制度改革的必要性和重要意义。要进一步发挥武警部队文职人员的重要作用，使有限的兵员名额更多地分配到执勤、处置突发社会安全事件、防范和处置恐怖活动、海上维权执法、抢险救援、防卫作战多样化任务，使大量的武警指战员，专注训练打战、专谋应战打赢。文职人员不受服役年限、晋级晋升等条件限制和约束，对年龄要求也比较宽松，可以在部队特定岗位从事较长时间的具体工作，这样可以保证某些专业特殊性岗位和技术性较强岗位的稳定性和持续性。

武警部队要按照党中央习主席提出的建设现代化武警部队的总要求和国防"三步走"的发展战略，要不断推进信息化建设再上新台阶，实现武警部队建设的跨越式发展，就必须对能够促进战斗力生成模式转变的决定因素和构成要素进行重组重构，使完成行动任务的作战支撑保障体系更加精干、高效和多样，从而促进武警部队的保障方式由自供型向社会化转化、人员组成方式由定向培养向多样化引进转变。因此，大批优秀的非现役人员补充到部分技术类、管理类以及后勤保障类岗位上，发挥他们的技术与管理专长，锻造一支具有中国特色的武警部队文职人员队伍，把有限的现役干部名额用于一线作战指挥与谋战备战岗位上，可以更加合理地编排各类人员关系，既满足技术保障工作需要，又强化作战体系力量，显著增强武警部队遂行多样化任务的能力。

二、突出需求牵引，从服务打仗上优化编成配置的顶层设计

深化文职人员制度改革，建立统一的文职人员制度，是党中央、中央军委和习主席着眼实现党在新时代的强军目标、全面建成世界一流军队作出重大战略决策。因此，必须根据军队改革目标，特别是依据武警部队长远建设和战略发展的总体部署和要求精心谋划，把文职人员制度改革同武警部队整体编制体制调整变化相协调，把部队文职人员的需求同武警部队整体职能任务拓展和岗位任职特点相融合，对文职人员的职能定位、所占比例、招录和聘用等一系列复杂的工作，结合国情、军情

第五章　标新领先的英国军事警察部队文职人员制度建设

和武警部队实际全面统筹设计。合理设计招聘流程，科学规范聘用条件，保证文职人员的选拔能够科学、规范、公平、合理。拓宽选聘渠道，采用直接发函的方式，聘请地方某些领域的领军人才。为保证和提高聘用人才的效率，可以采用"订单式"的培养方式，由地方高校为部队定向培养文职人员，从部队建设发展大局出发，开展科学顶层设计和长远布局谋划。一是重点关注军事人力资源编配。重点关注岗位胜任遴选、人员进退机制、工作考核评价等重点方面，着重解决文职人员身份地位、待遇保障、创业平台、职业发展等核心问题。二是优化布局。根据部队岗位需求、专业方向和具体工作要求，打破原有政策界限和体制限制，按照"突出特色、优势互补、开发资源、分工合作"的原则进行现役军人与文职人员的科学配置，达到工作效率的最大化、资源利用的精细化和人才布局的最优化目标；三是合理搭配。在满足岗位人才需求的前提下，兼顾文职人员的学术专长、年龄结构和学缘结构进行合理搭配，组建知识结构完备、学缘搭配科学、人才梯队有序、人员编成合理的人才队伍。

英国针对文职人员管理使用的制度体系，无论其设计理念、体系框架、政策条款，还是组织机构和运行方式，都是着眼于打仗需要、着眼于有利于形成军队的核心能力即作战能力。英国国防部把文职人员队伍作为本国军警力量乃至武装力量的重要组成部分，文职人员管理制度也是围绕如何发挥"武装力量组成部分"的作用而构建的。国防部依据政府颁布的《公务员法》，制定了相应的条例条令，要求文职人员必须从新形势下军警执行的任务出发，充分发挥勤务保障和技术服务支撑作用，特别是《危机和战争期间对文职人员的有关规定》明确规定了文职人员在面临作战任务时的特别要求，即文职人员在紧急情况时必须受雇，并无条件地服从上级安排，履行作战行动支撑的各类服务保障任务。对此我国可加以借鉴，武警部队构建具有中国特色的文职人员管理制度，应当着眼于为实现党在新形势下的强军目标、更好地履行使命任务提供全方位服务来进行总体筹划设计。一是在指导思想上，要贯彻落实习主席改革强军思想中有关军事人力资源调整改革的重要论述，围绕解决打仗能力这个短板和弱项，根除一切制约提高打仗能力的因素，破除各种束缚军事人力资源开发管理的桎梏藩篱，使文职人员管理制度更好地向提高武警部队履行使命能力上聚焦。二是在建设目标上，要把文职人员制度建设的标准要求，定位在为能打仗、打胜仗提供可靠技术支持和优质服务保障这个基点上，为建设一支支撑武警部队备战打仗、履行使命的基本力量提供制度机制保证。三是在改革理念上，明确推进文职人员改革要从我国具体国情军情出发，从武警部队建设发展实际出发，走自己的特色发展之路，扬利弃弊，兼收并蓄，切实使武警部队文职人员制度既借鉴和吸收国外军警部队优长，又继承和发扬我党我军优良传统。特别是在文职人员管理方式上，不能搞西方所谓的"民主化"松散管理，也决不允许任何个人游离于党组织之外，成为党组织管理之外的"自由人"。

三、强化问题导向，从高效管理上促进制度法规的整体完善

历经百余年实践，文职人员制度已成为西方国家推行军官职业化制度的主要做法和重要途径。为了实现对文职人员的有效管理，外军大多成立了专门的机构，负责文职人员政策的制定和进行日常事务的管理，有关机构大多自成体系，机构非常精干，层级最多三级。英国军队在国防部设有专门的文职人员局，被称作People，Pay and Pensions Agency，主要是履行国防部文职人员人事服务职能。各军兵种文职人员归口其人事管理部门统一管理，并有权威性、操作性很强的规章制度或条令条例作为制度保障，使得文职人员的各项管理有章可循、有法可依，执行起来合理高效、有条不紊。英军相关管理制度政策一经通过，便要求各职能部门严格执行，不需要通过会议强调部署或通过专门通知再专门进行督促落实，各单位按相关规定执行即可，无须再次通知。英国防部在文职人员的使用和管理方面制定了《军内文职人员条例》以及《危机和战争期间对文职人员的有关规定》等一系列相对成熟的条令法规，实现对文职人员全流程规范管理，对招聘录用、工作制度、薪酬范围、奖惩制度、福利待遇、退休制度以及战事状态下的责任义务等都做了明确的规定。目前，我国初步建立了文职人员制度体系。2005年4月，国务院、中央军委联合颁发了《中国人民解放军文职人员条例》。此后国家相关

部委和军队四总部先后出台多个配套文件，涵盖了文职人员的人事争议、合同签订、使用培养、社会保险、住房保障、工资待遇、退休办法等各个方面。2012年9月《军队文职人员管理规定》颁布，对文职人员的"招、训、考、用、出"各个环节进行了全面规范。2017年9月，颁布了重新修订的《中国人民解放军文职人员条例》。目前，我国文职人员进行合同制管理，规范化、制度化不断增强，实现了由传统的单位固定用人向契约化社会用人的转变，传统的应聘人员与用人单位的依附关系转变为平等主体的合同制关系。针对改革的新型关系，全军各部队努力在合同管理与军队严格要求之间寻找平衡点，开展依法管理、依法保障工作。但是总体来说，我国军队文职人员的制度法规体系还不健全，缺少《文职人员法》等能够号召军地相关部门有效协同的基本法规制度。同时，针对文职人员岗位配备、文职人员培训交流、文职人员评价使用等方面的内容还缺少全面、系统、明确的制度规定。以法律的形式明确文职人员的身份、地位、职能使命、使用管理及待遇保障等内容，更有利于提升文职人员的使命感和责任感，也更有利于保障文职人员的相关权益。

　　武警部队的文职人员改革必须把依法治军体现到文职人员管理制度建设之中。既研究一般法又设计特殊法，既制定实体法又出台程序法，把法制化的制度安排、人性化的政策设计、公正透明的任用原则，以及分事行权、分岗设权、分级授权的管理理念等体现到政策制度设计中，建立完善的具有中国特色的文职人员政策制度体系，使文职人员管理制度成为系统匹配、相互衔接、功能互补、完备闭合的体系，缩小法律与权力之间的空隙，减少理解与执行的误差，压缩自由裁量的空间，堵塞获取不正当利益的漏洞，真正做到依靠法律法规维护公平正义，杜绝人治干扰、土政策土规定、推诿扯皮等情况的发生。

　　特殊法是基于人性化设计而不是搞法外特殊。例如，针对文职人员对部队条令规章、军事训练及政治能力建设等方面需要一定适应期，就需要建立灵活的"适应包容"制度。英国在文职人员管理过程中，对于新招聘文职人员都设置了一定时间的适应期，也称之为培养期。其间主要开展一些部队制度条令的法规性培训和军事素质基本训练。这段时间也是新进文职人员特别是高学历文职人员对工作环境、岗位职能、业务性质和军事任务的认识与适应的过渡期,在此期间并不马上要求他们参与高标准考核和绩效认定。由于我国目前存在着面向应届毕业生直接招聘、社会成熟人才直接引进以及现役军人转改三个渠道,新进文职人员专业素质能力上差别较大。因此,在人才的使用、管理和成长激励上需要构筑有效的平台,可借鉴英国的做法,给予新进文职人员一定的适应、学习的时间和空间。开放包容机制是部队吸引和培养优秀科研人才、推动文职人员改革的重要载体。树立"要有大发展,须建好队伍,构筑强平台"的基本理念,优化配置力量,创造良好条件,吸引和培养高素质人才加入文职人员队伍。同时要明确,用好现有人员是激发文职人员工作热情、促进文职人员制度改革深入发展的关键。一是创造良好的成长发展平台。坚持"人尽其才、才尽其用",合理配置人员岗位,把新进文职人员放到能发挥自身特长的岗位上。为文职人员提供良好的工作条件,对重点骨干力量给予重点支持保障。二是完善开放式培养机制,使文职人员在交流中得到提升。积极创造条件,为文职人员提供学习交流的机会和政策空间。可通过选送优秀文职人员培训深造、访问、参加学术交流,促进文职人员能力和学历得到提升,视野和思路得到拓展。三是建立包容、有效的人才评估体系,摒弃急功近利和粗放管理做法。本着长远的眼光,对新进文职人员给予一定年限的起步期,在起步期内给予新进文职人员适应、改进和提升的空间。

四、注重政策激励,从激发活力上统筹保障能力的全面提升

英国对于文职人员的薪资管理相对比较灵活,文职人员除了拿到与现役军警人员大致相当的工资之外,还能享受灵活性的补贴保障,如加班补贴、夜班补贴、参战补贴等。我国的文职人员薪资制度改革可对此加以借鉴,遵循标准化与灵活性兼顾的原则,推进薪资制度政策不断完善。一是对非现役人员基本工资(主要是岗位工资和薪级工资)标准进行统一,实行标准化管理。岗位工资体现岗位职责大小和工作难易程度,随着岗位的变化,工资亦应随之变化。薪级工资主要与工作年限和学历等方面的因素有关,应实行定期升级。二是完善各类津贴补贴。在对现

有津贴补贴（军队服务津贴、专业技术人才奖励性津贴、房租补贴、课时补贴）进行调整增加的同时，对专业技术较强、科技含量高的岗位设立岗位津贴，对物价高的地区采取补贴措施，对学历高的人才进行补贴，并且应当建立奖励制度，对有突出贡献的人才给予特殊贡献的物质与精神奖励。还应针对具体情况设立各种补偿性津贴，如地区补助、加班费、夜勤补助、假日工作补贴、工伤补助、危险补助等。三是要规范非现役人员保险制度。充实基本保险，增加社会和商业保险，参照《军人保险法》《关于推进商业保险服务军队建设的指导意见》等各类保险的基本保障制度，对军队文职人员规范保障进行法制化、制度化、规范化改进，对职业年金、养老保险、退休医疗、伤亡事故、交通意外、商业医疗等进行全方位保险制度保障。四是改革完善其他福利待遇。推进交通、通讯、探亲、住房等福利待遇货币化，在基本医疗保障的基础上，鼓励各地建立大额医疗补助制度。军队文职人员符合国家规定的事业单位同类岗位人员退休条件的，办理退休手续，他们退休后的管理服务和生活保障，按照国家有关规定纳入社会保障体系。

除了薪资待遇，培训提升与成长晋升机会也是文职人员极为关注的问题之一。近年来，英国文职人员在总量适度减少的基础上，高级别文职人员数量却持续增加，为文职人员的晋升发展提供了更多的机会和岗位，也使得英国文职人员队伍的整体素质水平得到提升。我国武警部队文职人员制度的改革发展要把文职人员的个人发展与价值实现放在重要位置，从人才培养和构筑发展平台两个方面同时发力。首先要做好文职人员岗前培训工作，通过对非现役文职教员的岗前培训，在他们已经具备的良好基础素质、专业素质之上，提高其心理素质和教育素质。通过岗前培训，使非现役文职人员系统学习我军的军事思想，了解军队特色，学习有关条令条例，学习武警部队使命任务特点，熟悉所在单位的基本情况，从而使其尽快适应部队环境，更好地完成任务。另外，还应为文职人员提供进修培训的机会，完善保障机制，让那些希望进一步提高自身素质的人员去参加培训，使其更好地提高专业素质能力和水平，从而更加胜任自己的岗位。培训晋升、个人职业发展问题是文职人员最为关心和看重的核心问题，但是目前我国文职人员在数量规模、专业化水平、职业发展和制度建设等方面仍存在许多不足，在核心问题的制度保障上还存在着表述不明确、保障不到位、优势不明显的情况，导致对地方优秀人才的吸引力还没有达到应有的高度。特别是针对一些特殊急需的专业岗位，须出台一些可以保障文职人员培训提升的制度，拓宽个人成长的渠道，提供其晋升发展的有效平台，使其有施展自身才华的舞台，提升发展的空间，从而真正使部队文职人员既能实现拥军报国的人生理想，又能实现专业知识的有效利用。对于部队文职人员而言，既要考虑工作共性，便于军事工作的展开，又要照顾其特点，便于分类、分层教育管理，在激发文职人员使命感和责任感的同时，可通过军事院校独训、与地方院校联合培训以及运用函授、网络、出国留学等形式，增强其爱岗敬业精神，并不断提高能力素质。要加强技能培训，提升职业修养，逐步向德才兼备的人才方向转变。同时还要敢于用人、善于用人，充分发挥文职人员所长，拓展文职人员发展的空间。一是要把文职人员的培训成长作为人力资源规划的重要内容进行全军统一筹划部署，建立完善的文职人员培训、监督、评价、考核与运用管理体系，区分军政基础教育认知培训、专业业务培训、职务晋升培训、岗前任职培训、专项任务培训等不同类别、等级和模式的培训，开展制度化、规范化、常态化的人员培训与考核，避免培训的盲目性、随机性以及培训结果运用的主观性。二是提升现有文职人员的培训质量，克服现有部队培训中存在的形式单一、内容陈旧、效率低下、开放度低等弊端，根据军事常识教育、部队认知、政治能力训练、专项业务、保障能力等不同培训内容，设置不同培训模式，进行多样化培训。通过专题讲座、岗位实习、代职锻炼、任务历练、参与活动甚至出国访问交流等多种形式，提升文职人员的岗位任职能力。同现役军人一道，采用"走出去、请进来"的开放式培训路子，拓展同世界军事强国之间的交流与合作，建立健全联合育人、互换培养、访问交流、比武竞赛、协同攻关的制度机制，创造机会安排适当数量和岗位的文职人员参加部队重大演习、作战行动，使文职人员真正投入到一线任务部队锤炼岗位业务技能和实战素养，多渠道提升部队文职人员的素质能力水平。三是充分利用现代化信息技术手段，综合运用手机客户端、网上教学系统、手机知识推送、专用学习软件等手段多位一体促进文职人员的培训学习。特别是随着军职在线、知乎等学习 APP 的不断推广，智慧树、华文 MOOC、中国大学 MOOC、梦课学堂等网络学习平台的不断丰富，使部队文职人员的培训学习全面融入全军军人职业教育体系，培训的渠道、内容更加贴近文职人员的工作实际，学习效果更加明显，为文职人员的使用、晋升提供知识基础和能力保证。四是强化培训效果和学习成果的运用，使文职人员学有所用，学有所成，真正通过培训学习在知识能力素质上获得提升，并能够通过培训提高获得更好的发展，即通过不断完善相关激励机制，使广大文职人员拥有培训机会、得到表彰奖励、看到成长方向、获得实际进步，真正吸引社会上优秀的技术和管理人才加入非现役文职队伍，为人才队伍建设带来新鲜血液，促进武警部队全面发展。五是建立和完善文职人员考核与激励机制。科学合理的考核与激励是科学管理的有效手段和重要内容。哈佛大学詹姆斯教授指出，如果没有激励，一个人的能力发挥不过20%—30%，如果施以有效激励，一个人的能力可以发挥到80%—90%。良好的考核与激励机制作为评价文职人员工作绩效、激发文职人员工作热情的重要手段，在文职人员管理工作中发挥着重要作用。为此，应针对文职人员履职尽责情况进行重点考核，并把定期的考核结果直接与调整工资待遇、实施奖惩特别是职务晋升挂钩，并成为续聘、解聘的根本考量内容和依据。同时，做到激励与惩处的有机结合与灵活运用的突出作用，提升文职人员管理的科学化、正规化水平，做到奖勤罚懒，有效发挥考核与激励机制的突出作用。

五、坚持质量为本，从增强效益上提升现代化信息化管理水平

英国的文职人员管理机构简单精干、职能明确、层次精简，管理效益较高，并且可以委托专业的地方服务团队完成日常综合性的服务保障工作。我们可以综合考虑我军文职人员身份定位、职责功能、岗位分布等实际情况，建立具有武警部队特色的文职人员管理和服务机构。可以参考英国依托第三方服务公司的做法，构建我国文职人员社会化的全程服务机制，实现文职人员进退调动、绩效管理、保险事务等方面的全方位服务保障。

我国在文职人员管理手段的信息化程度上还有不少差距，目前仍然处在半手工化阶段，主要采用纸质档案管理和电子文档管理结合的模式，在人员的定向信息检索、全要素数据统计特别是智能化决策辅助方面还有很多不足。因此，要逐步建立起较为完善的军队文职人员信息管理系统，建设从档案信息管理、专业职业规划、个人成长发展到岗位匹配胜任力决策的网络化、智能化、信息化管理系统。一是加强军队文职人员管理中的组织建设。在档案信息化管理系统设计过程中，要统筹协调人力资源、组织关系、财务、被装等各管理部门，明确各自的管理权限和管理职责，避免在工作中出现数据不统一、不协调、不合拍等漏洞。要理清工作业务关系，细化任务分工明确责任，使各个岗位文职人员能够各司其职。二是针对性提升管理人员的专业能力。要定期对管理人员进行培训，使文职人员不论是思想意识还是管理模式实现信息化转变，提高工作效率。应用先进信息技术开展相关资料和数据的传输和交换，最大化实现智能化、信息化处理。三是加强军队文职人员管理信息化建设的筹划设计。军队要实施文职人员管理的信息化，就要在顶层决策上有安排，资金投入上有倾斜，管理实施上有措施。必须从提高文职人员管理手段的科技含量入手，着力解决我军事人力资源管理手段落后、技术含量不高，信息化建设起步晚、发展慢、层次低等许多不足和缺陷。对文职人员管理系统进行信息化升级改造，提升智能化辅助决策板块的功能，实现文职人员招、训、考、用、出各个环节的全员额、全要素、全过程实时监控，精确管理，提高文职人员数据信息资料分析处理、日常管理、动态监控辅助决策的能力。努力适应我军文职人员队伍建设和力量使用的需要，不断强化新管理理念、新管理方法、新技术手段的灵活应用，最大限度提升文职人员信息化管理水平。

第六章

严谨高效的德国警宪部队文职人员制度建设

在德意志联邦共和国的国家安全体系内，联邦警察在德国宪法和联邦法律规定的边境保护、铁路警务、海事安全和航空安保领域，遂行边境巡逻、铁路运输保障、渔业保护、海洋环境保护等多种类型的执法任务。除此之外，联邦警察还参与打击有组织的犯罪和恐怖主义活动，并执行国际任务。联邦警察局现有46000余名雇员，其中包括38000余名训练有素的警官和8800余名文职人员。[1] 各领域的文职人员负责边境保护、信息事务和移民事务等。技术创新和数字平台的发展趋势促使联邦警察部队挖掘更多潜力，加速引进专业技术人才，以更好地满足国家安全需求。为应对日益复杂的任务，联邦警察部队注重加强人才队伍建设，进一步发挥现代化管理的组织优势。

第一节 德国警宪部队文职人员制度发展历程

第二次世界大战后，德国分为德意志联邦共和国（德语为 Bundesrepublik Deutschland）和德意志民主共和国（德语为 Deutsche Demokratische Republik）。1951年3月16日，德意志联邦共和国政府成立了10000名男性组成的联邦边境保护部队（德语为 Bundesgrenzschutz），由德国联邦内政部管辖。作为二战后德意志联邦共和国的首支警察部队，联邦边境

---

[1] https：//www.bundespolizei.de/Web/DE/_Home/home_node.html.

保护部队负责德意志联邦共和国边境巡逻和内部安全，是现代德国警宪部队的前身。

冷战时期的德意志联邦共和国只有海岸警卫、边防和出入境管制职责。1949年5月23日德意志联邦共和国设立《基本法》，依法管理国家与公民之间的关系。1953年，联邦边境保护部队开始担负德国边境护照检查任务。1955年11月12日，德意志联邦共和国建立了联邦国防军，联邦边境保护部队成为联邦国防军主要力量，同年德意志联邦共和国正式加入北大西洋公约组织。1956年德意志联邦共和国开始推行全国征兵制，18至45岁的男性必须义务服兵役。[①]

1990年10月3日，东西两德实现统一。德意志联邦共和国铁路警察（德语为Bahnpolizei）早前是一支独立的部队，1990年与东德交通警察局进行了重组。联邦警察在联邦铁路范围内保障33500公里的轨道和5700个车站，使其免受威胁铁路交通和公共安全的犯罪行为的攻击。保障措施包括在铁路网和车站安全执法，制止危害人身财产安全的暴力犯罪，清除铁路有害干扰，保障重大活动时的铁路运输等。

德国1985年加入"申根协定"缔约国。该协议根据共同签证政策创建了几个欧洲国家的内部无国界实体，依赖于申根地区各州与非申根国家毗邻的外部边界。德国联邦警察局的任务是保护德国边境，防止逃避申根边境管制的非法移民偷渡越境。边防警察负责保护3831公里的陆地边界和德国沿波罗的海和北海700公里的海岸线，其职责包括监控边界，边境巡逻，控制跨境交通，核实过境文件和移交过境车辆护照等。

2005年7月，联邦边境保护部队更名为联邦警察局（德语为Bundespolizei），表明其向多面联邦警察机构的过渡。这一变化还包括装备体制变革和装备体系更新。2008年3月，德国内政部精简了联邦警察局的结构。联邦警察是负责边境保护、铁路警务和航空安全的专门部队。作为一支极为有效的警察部队，联邦警察在维护德意志联邦共和国和欧洲的内部安全方面发挥着重要作用。[②]

---

① 2011年7月1日德国对联邦国防军进行了改革，取消了义务兵役制。
② 杨莲珍、石宝江：《他山之石》，人民武警出版社2011年版。

德意志联邦共和国的联邦结构赋予 16 个联邦州在其领土内通过立法，维持警察部队和行使警察权力的权利。与此同时，《基本法》规定执法中心地区是联邦当局。由于这种权力分配，德国设 16 个州警察部队和 3 个联邦执法机构。联邦警察的使命任务由德国《基本法》《联邦警察法》《居留法》《庇护程序法》和《航空安保法》等联邦法律指定。

一、海岸警卫队

德国联邦海岸警卫队（德语为 Küstenwache）是一支具有民事服务和执法双重角色的机构。服务于联邦海岸警卫队的人员包括联邦警察、内政部水路和航运办公室、联邦水道和航运管理局、联邦运输建设和城市发展部、海关服务部、联邦海关总署和与海事管理相关的其他政府部门的工作人员。[①] 自 1994 年 7 月以来，联邦警察的海事部门一直是海岸警卫队的一部分[②]。联邦警察与联邦海岸警卫队一起执行任务，行使警察权力，根据其工作的海事性质进行调整。

联邦海岸警卫队的各机构由波罗的海和北海的指挥中心领导，具有共同的行动计划，其主要任务是边境保护、航运安全保护、渔业保护、海洋环境保护和海关执法。海洋环境保护通过巡航船和警用直升机监测和防治波罗的海和北海的水污染问题。海关执法主要调查具有海上背景的犯罪和违法行为。此外，联邦海岸警卫队按规定监督波罗的海和北海海域的航运情况。联邦海岸警卫队的人员受过专业培训，组成海上事故调查和搜索小组，可以应对海上紧急情况，执行急救、消防和防漏等任务。联邦海岸警卫队共有 27 艘船只，以及 4 架 H125 "超美洲豹" 直升机，这 4 架直升机计划于 2020 年执行德国海上应急中心的任务。H125 直升机配备了全玻璃化驾驶舱和四轴自动驾驶系统，可以在恶劣环境下高效执行任务，具有卓越的速度和航程。[③]

[①] https：//military. wikia. org/wiki/German_Federal_Cost_Guard.

[②] https：//www. bundespolizei. de/Web/DE/05Die－Bundespolizei/03Organisation/02Direktionen/BadBramstedt/Kuestenwache/kuestenwache_anmod. html ［EB/OL］.［2019－04－13］.

[③] http：//www. aeroinfo. com. cn/Item/26881. aspx.［EB/OL］.［2019－05－20］.

德国海上应急处置和海上搜救工作分别由联邦政府交通部航运管理局所属的德国海上应急中心（CCME）和隶属交通部的德国海上搜救中心（DGzRS）负责。2007年1月起，联邦警察在库克斯港联合情况中心与沿海国家各业务单位在海上安全领域建立安全合作伙伴关系，共同管理水路与航运，保护沿海国家的水资源和渔业。

二、边境安全合作

德国联邦警察局负责保护德国边境，防止逃避申根边境管制的非法移民。边防警察负责监控3831公里的陆地边界，核实过境文件，控制跨境交通，边境巡逻和移交过境机动车辆护照，还负责监管德国沿波罗的海和北海888公里的海岸线。

为保护边境安全，联邦警局积极参与国际信息交流，以支援边境行动，评估跨境犯罪。在培训和设备援助方面，支持第三国双边项目，以促进法治、人权和民主价值观。欧洲已制定综合边境管理办法，并由联邦警局在全国范围内实施，其战略目标是抵制非法移民到德国和申根区。此外，德国联邦警察局积极支持其他成员国参加欧洲境内应对移民危机的国际行动。联邦警察部队参与的国际任务种类多种多样，包括保卫国民在危险地区的人身安全、推进双边培训、执行欧盟和联合国的国际警察任务、在欧洲国际边界管理署的行动中向国外派遣边防警卫队，以及向欧洲刑警组织或欧洲国际边界管理署派遣联络官等。除此之外，联邦警察与相关国外安全机构进行日常信息交流，例如在联合中心进行联合任务、巡逻和检查。截至2018年9月，驻外德军3300人，其中超1000人驻扎在阿富汗和马里。其他士兵分布在整个中东和非洲，包括苏丹、黎巴嫩、索马里和伊拉克。[1] 德国与邻国有10个联合中心和联络处，在欧盟和西巴尔干地区还有50个这样的警察和海关合作中心。

参与联邦警局国际任务基于自愿和主动的原则，申请的警员和文职人员必须克服不同的气候和文化，熟练使用英语并掌握其他外语。在随

---

[1] https://www.bundeswehr.de/de/ueber-die-bundeswehr/zahlen-daten-fakten/personalzahlen-bundeswehr.

后的培训课程和继续教育中,他们将进一步学习执行国际任务的必要技术基础。

联合国德国武装部队培训中心(The United Nations Training Centre of the German Armed Forces)基于全球合作网络,是一个战术级、国际性、跨部门的部署前培训机构,包含两个培训部,支持团队和咨询小组。[①] 中心在联合国、北约、欧盟、欧安组织和相关国际机构执行国家任务,并与和平培训中心的盟友和同类型培训机构进行联网和信息共享。中心为德国武装部队的军事人员、盟军人员、警察部队和文职人员等提供军事安全培训、指导和演习;为陆地作业的军事人员提供特定战区训练;为中心指挥官提供有关培训事项的专家建议。此外,还为记者和非政府组织救济人员开设特别课程,并向德国国际合作公司、国际和平行动中心、欧盟组织和禁止化学武器组织人员提供机构间的培训支持。

第一培训中心位于汉堡市,主要承担国际课程,其中大部分是英语课程。文职人员须参加多国非战区特定课程,为危机地区的任务做好准备。第一培训部的旗舰培训是特派团军事专家课程,使参训军事人员、警察部队和文职人员具备国际军事顾问和军事观察员的资格,可执行联合国、欧盟、欧洲安全与合作组织等主持下的维和特派和救援任务,为外国安全部队提供指导、建议和合作。

第二训练部位于维尔德夫莱肯,主要开设国家课程,为在国外部署的文职人员提供一般军事训练。此外,培训中心还向文职人员提供以任务和实践为导向的语言培训,及应对信息安全技术、移动监控技术等特殊资格课程。同时,为参训的军人和文职人员进行尸体卫生、埋葬习俗等身心健康训练。

为了进一步提高德国的国际地位,联邦政府于2011年4月15日颁布了联邦雇员在政府和多国间执行国际任务的指南。联邦警察部队亦支持和鼓励文职人员在其他欧盟成员国接受临时任务。

在联合活动中,负责警察、军人和文职的三部门的通力合作已成为

[①] https://www.zif-berlin.org/fileadmin/uploads/training/dokumente/Training_for_Peace_Operations_The_German_Contribution.pdf.

联邦政府在协调国际危机管理中的标志。自 2013 年以来，德国联邦外交部、联邦国防部和联邦内政部轮流主办由德国联邦议院议员，联邦外交部、联邦国防部和联邦各州代表参加的一年一度的维和人员日，在柏林联邦内政部为在国际维和任务中做出突出贡献的文职专家、军人和警察颁发奖章。在 2018 年的庆祝活动上，国务秘书强调海外行动成功的关键在于进一步增加专业技术人才，协调汇集各种外交、军事和警宪力量。①

三、反恐探索创新

长期以来德国一直遭受极右、极左和宗教势力等各种形式极端主义的暴力活动。② 近年来，伊斯兰主义对德国的威胁日益加重，一系列由伊斯兰主义引发的恐怖袭击成为标志③。自 2001 年 9 月 11 日以来，在伊斯兰恐怖袭击中死亡的德国公民数已超过在整个红军派系（一个在德国运作了 30 多年的极左恐怖组织）暴力史上的死亡人数。早在 2014 年，联邦刑事警察曾警告，德国最大的威胁是由狂热的个人或小团体实施的伊斯兰恐怖袭击。德国当局已确认约 760 名人员为"伊斯兰警察"，确信他们有动机并有能力实施恐怖袭击。760 人中有一半以上居住在德国，目前有 153 人被拘留。根据联邦宪法保护办公室的数据，德国大约有 25810 名伊斯兰主义或伊斯兰恐怖主义的追随者。

2016 年，德国经历的五次恐怖袭击均与 ISIS 有关。12 月 19 日发生在柏林圣诞市场的袭击是最臭名昭著的：肇事者安妮斯·阿姆里用卡车撞伤了人群，造成 12 人死亡，48 人受伤。2 月，一名 15 岁的德国摩洛哥女孩在汉诺威刺伤了一名警官。4 月 16 日，伊斯兰极端分子在锡克神庙引爆炸弹，造成 3 人受伤。7 月，一名手持斧头的阿富汗难民在一列穿越德国南部的火车上制造了刺伤事件。几天后，一名叙利亚难民在音

---

① https：//www.bmi.bund.de/SharedDocs/kurzmeldungen/EN/2018/06/peacekeeper.html ［EB/OL］.［2019-04-15］.

② https：//www.verfassungsschutz.de/de/oeffentlichkeitsarbeit/pub likationen/verfassungss-chutzberichte/vsbericht-2017 ［EB/OL］.［2019-04-20］.

③ http：//www.dw.com/en/federal-police-chief-warns-of-dome stic-islamist-threat/a-18034644 ［EB/OL］.［2019-04-20］.

乐节现场附近实施自杀式袭击，造成12人受伤。尽管2017年恐怖事件的数量有所减少，德国情报和执法机构仍然对ISIS和基地组织策划的袭击以及独狼袭击表示担忧。

近年来，中东和北非的难民涌入德国，超过44%的难民来自叙利亚、伊拉克和尼日利亚。2016年，德国处理了约746000个庇护申请。德国当局警告，寻求庇护者有可能被国内萨拉菲主义圣战分子所同化。截至2018年7月，约有11万名寻求庇护者抵达德国。截至2018年4月，约有1000名外国武装分子离开德国，与国外的极端主义组织并肩作战。剩下的人中，三分之一已经返回德国，预计150人在国外被杀害。

极右翼仇恨言论引发的冲突通常发生在抗议和游行中。2016年1月，约20名极右分子在科隆袭击了6名巴基斯坦人，造成2人受伤。在2016年，有1起凶杀案和18起以右翼极端主义为动机的未遂谋杀案。德国依旧遭受着反移民和种族主义相关的暴力。[1]

与2016年相比，2017年德国极左翼分子的数量增加了近6%，有近三分之一的极端分子易引发暴力。2017年7月在汉堡举行的20国集团峰会期间，极左翼抗议者和德国警方发生了激烈冲突：抗议者投掷石块和鸡尾酒，引起火灾并抢劫商店。联邦警察用水枪和催泪瓦斯做出回应。

（一）立法支持

自2001年美国"9·11"恐怖袭击以来，德国积极提升反恐能力，加强立法。[2] 2004年，德国建立了由40个内部安全机构组成的联合反恐中心，作为合作沟通的平台，可有效识别潜在的伊斯兰恐怖主义分子和其他激进分子。2007年引进了联合互联网中心，用于应对网络威胁和在线监测伊斯兰恐怖主义网络。2012年11月成立了联合反极端主义和恐怖主义中心，旨在提供一个全面的合作平台，以对抗极右翼和极左翼极端主义和恐怖主义。

2015年ISIS在巴黎发动袭击后，德国颁布了更严厉的立法以打击伊

---

[1] https://www.verfassungsschutz.de/en/public-relations/publications/annual-reports/annual-report-2016-summary [EB/OL]. [2019-04-10].

[2] https://fas.org/irp/crs/RL32710.pdf.

斯兰极端主义。2015年6月20日，新的反恐立法在德国生效，对外国战斗机制定了国家身份证和护照限制，明确为接受恐怖分子培训的出国旅行是犯罪行为，并在《刑法》中增加打击恐怖主义融资的章节。

2016年7月30日，《加强国际恐怖主义斗争信息交流法》在德国生效。其修改了一些现行的有关反恐措施的法律，特别增加了数据库的反恐信息共享，为德国国内情报机构配备了打击国际恐怖主义的新手段。

（二）网络安全构建

为打击恐怖主义造成的威胁，2004年，德国建立了由40个内部安全机构组成的联合反恐中心，可有效识别潜在的伊斯兰恐怖主义分子和其他激进分子。作为德国网络安全战略的一部分，2013年8月颁布的《电子政务法》制定出数据化的约束性标准，以确保联邦有效的电子管理。

2017年1月，内政部启动了安全机构信息技术中心，组织军队、警员和文职专家探索新战略以打击互联网中的恐怖主义。同年，德国联邦议院通过了《网络执法法》，强制科技公司在网站平台上打击仇恨言论，撤销恐怖宣传，识别犯罪材料。

（三）国际反恐合作

为打击极端主义和恐怖主义，德国采取了各种国际努力和军事行动。[①] 2002年起，德国驻阿部队持续培训阿富汗军队和警察。由专业过硬的警员和文职人员组成的联邦警察部队项目组，在法治的指导下帮助阿富汗建立一支平民警察队伍。通过培训，部分具备培训员资格的阿富汗警察进驻阿富汗各地培训中心，逐步实现在全国范围内培养组建警察队伍的目标。2015年12月，ISIS在巴黎发动袭击一个月后，德国议会投票决定向该地区派遣1200人的部队和侦察机、护卫舰、加油机，以协助美国的反ISIS联盟。2016年1月，德国在伊拉克库尔德斯坦埃尔比勒开设军事训练营。德国指挥官普里尔上校指出，德国和库尔德军队的合作是击败共同敌人ISIS的必要条件。2016年11月，德国议会批准德国

---

① http://www.loc.gov/law/foreign-news/article/germany-act-to-improve-anti-terror-information-exchange-in-force [EB/OL]. [2019-05-20].

武装部队执行北约领导的叙利亚侦察任务。

第二节 德国警宪部队文职人员制度建设实践

联邦警察局现有46000余名雇员，其中包括38000余名训练有素的警官和8800余名文职人员。各学科领域的文职人员负责信息事务、边境保护和移民事务等，具备专业资格后可作为专家队伍服务联邦警察局。

一、德国警宪部队严谨的文职人员招聘录用制度

德国没有针对文职人员的特殊专门法律，适用于国家公务员、职员和工人的《联邦公务员》《联邦薪金法》《行政管理条例》等法律同样适用于文职人员，是文职人员的法律依据。[①]

根据《基本法》第三十三条第二款，每个德国人都有根据资质、资历和专业成就任职的权力。每个德国人都拥有相同的公民权利和义务。根据其资历和专业成就，均有资格应聘联邦警察部队文职人员。根据《预算法》，人力资源部门依据已确定的职位进行管理。联邦、州和地方各级议会首先决定职位的数量和分配，随后各联邦部门在行动范围内决定是否聘用文职人员。原则上，预算机构在批准职位后才能雇用职员。联邦警察部队招聘文职人员本着公平公开原则，公布空缺职位后遴选适合该职位的候选人。

二、德国警宪部队严格的文职人员职业管理制度

（一）文职人员培训

《公共服务职业法》制定了适用于文职人员政策目标和专业绩效标准的约束性规则。为成为合格的联邦警察部队文职人员，根据任务不同，文职人员需接受一定的岗前培训和在职培训，或具备特定职能所需的资格。

[①] https://www.bmi.bund.de/DE/themen/oeffentlicher-dienst/beamtinnen-und-beamte/beamtinnen-und-beamte-node.html.

（二）文职人员职责

联邦警察部队文职人员的职责参照联邦公务员，包括：维护《基本法》基本秩序；公平公正地履行其职责；遵照组织原则，执行组织命令；向上级献言献策，提供专业支持；禁止谋取私利，不得接受礼金礼品等。文职人员有权按职业资格获得适当职位，依据职位等级、重要性和职责获取薪金，有权获得工资和养老金等。

（三）文职人员评估

作为人力资源管理的重要工具，评估是人事决策和人事发展的基础。文职人员根据能力、资格和绩效晋升。绩效评估包括对专业成就、资质和资格的评估。文职人员必须不断获取新知识，以应对不断发展变化的社会形势。培训和资格认证对于文职人员管理至关重要。

（四）文职人员处分

依据《联邦公务员法》，该法规定了违法行为的后果和处罚程序。故意违反义务构成违纪行为，按法律诉讼程序处罚。存在违规行为的个人，首先按纪律处分程序收集相关违规事实，调查后决定是否结束诉讼程序或按纪律处分。依照罪行的严重程度，该法规定了惩戒、罚款、减薪、降级和解雇五项纪律措施。对退休人员执行减少或剥夺养老金的措施。

三、德国警宪部队完善的文职人员权益保障

近年来，信息技术发展和公众期望给就业带来了新的挑战，警员和文职人员必须更新技能并为新任务做好准备。监管人员负有特殊责任，必须确保日常工作程序，激励引导工作。为提升文职岗位的吸引力，联邦警察局积极创建灵活的办公环境，提供有吸引力的薪酬和职业前景。

（一）男性女性的文职人员权利平等

《基本法》第3条第（2）款规定，国家应消除各种不利条件，保障男女权利平等。2001年11月30日的《联邦性别平等法》旨在实现联邦公共服务所有领域的平等。法律规定，与男性同样符合岗位要求的女性，应在其代表性不足的机构获得优先聘用，此规定适用于培训、招聘、就

业和晋升。法律明令禁止在申请和面谈过程中的直接或间接歧视。此外，要求每个机构都有一名性别平等官员，其任务是促进和监督性别平等的规定在各机构的实施。

（二）灵活机动的文职人员工作时间

联邦警察部队文职人员每周平均工作 40 小时。灵活时间被广泛使用：除了特定的核心时间，文职人员可自行决定日常工作时间，但必须在指定期限内弥补所欠小时数。除了灵活的工作时间和兼职模式外，政府还提供其他选择帮助文职人员平衡工作和家庭生活。员工可选择远程办公，单位提供技术支持，确保在工作时间内完成工作目标。符合办公要求的文职人员可申请远程办公工作站，一般为长期工作。此外，还有移动办公，与远程办公相比，文职人员在办公室外工作时不会受限于某个特定的地方。移动办公使文职人员能够在短期内灵活应对某些工作和生活环境。所有每周工作五天的文职人员，每年休假 30 天。对于那些每周工作时间多于或少于五天的人，休假权利会相应调整。根据特殊休假规定，有特殊原因的文职人员可在短时间内领取带薪休假，如因职业原因搬迁、履行公民义务、特定家庭活动、短时间内照顾患病亲属等。执行压力较大工作或轮班工作的文职人员，每年最多可享有 6 个工作日的假期。

（三）法律保障的文职人员健康管理

为确保工作效率，联邦警察部队重视文职人员的职业健康管理。除法律规定文职人员必须参加社会保险，享有法定健康、养老、长期护理、事故和失业保险计划外，作为人员和组织发展的一部分，联邦警察部队按照联邦政府规定，制订了长期的职业健康管理计划。职业健康管理是预防性的，有助于防止健康问题的发生。特别是增加了残疾管理，以帮助员工在患病后重返工作岗位。

第三节　可以学习借鉴的经验做法

一、数字化管理服务升级

联邦政府在其联盟协议中设定了创建"数字德国"的目标，计划在

2020年实现数字化管理，提供值得信赖、安全可靠的电子服务，实现必要的变革。其目的是：从2020年开始，在大多数情况下，民众不再需要亲自访问政府机构，可以随时随地享受数字化管理服务。

德国2016年国防白皮书明确指出，建立可以在危机初期有效处理问题的文职专家智囊团，提高应对和防范危机的能力，维护国际环境的稳定。[1]德国将继续援助联合国完成复杂任务，扩大德国所扮演的角色，持续加大对警察、军事人员和文职人员的投入，承担起联合国各任务的领导责任。

信息技术的快速发展对联邦警察部队既是挑战，也是机遇。未来，联邦警察部队将更加依赖专业化和高素质的文职人才。从长远来看，技术进步和数字化的发展趋势使联邦警察必须挖掘更多潜力，引进更多的专业技术人才，以提高联邦警察局现代化程度。广泛自治不再是人事政策的指导原则，联邦警局和技术领域之间的渗透将不断提高，在特定时期制订与文职技术专家的合作计划，是应对这一挑战的有效方式。联邦警察局现代化改革工作的核心是建设一支强有力的专业技术文职队伍，扩展数字化业务，提供值得信赖的安全电子服务，实现必要的技术变革，以更好地满足公众的需求。同时，进一步更新内部管理流程，使电子化办公贯穿始终，提升办事效率。

二、可持续人事管理政策

为建立欧洲安全和防卫联盟，提升欧盟在民用和军事领域的应对能力，非现役人才和军事力量的融合是非常必要的。德国的目标是在欧盟成员国中首次建立一个永久性的军民指挥控制中心，为具备作战能力和执法能力的德国联邦国防军和联邦警察部队制定现代可持续的人事政策，以应对未来挑战，满足未来需求。

德国的人口变化和技术工人的日益短缺将在未来几十年对社会和经济发展产生显著影响。现今，德国受到人口老龄化，农村基础设施薄弱

---

[1] http://defencemanagement.org/article/2016 - white - paper - german - security - policy - and - future - bundeswehr.

及日益增长的全球化，数字化和个性化的影响，必须灵活主动地应对人事挑战。只有培养符合实际需要的人员，才能确保联邦德国圆满完成各项国际国内任务。

自冷战结束以来，联邦国防军的人员数量大幅减少，联邦国防军在 2011 年重新定位，将人员上限定为有史以来的最低水平。目前约有 25 万人在联邦国防军服役和工作。每年大量青年加入国防军，大量军人转岗从事文职工作。除此之外，还有很多忠于联邦国防军的预备役军人，在服完军役后自愿支持军队。这种持续而活跃的互动确保了即使在停止强制兵役后，联邦国防军仍然保持着活力。退伍军人在提高公众对联邦国防军的认识方面发挥着关键作用，鼓励退伍军人转变为文职人员可巩固联邦国防军的社会地位。未来的安全形势需要调整文职人员的编制水平，要以灵活稳健和可持续的方式管理文职人员。

为了在早期应对不断变化的环境，联邦警察部队有一个全面且具有前瞻性的人才战略：及时发现未来短缺，定期审查培养计划和人员编制情况，系统招募和发展未来任务所需的文职人员。此人才战略致力于预测关键领域的人才需求，以避免将来出现数量和质量问题。

新的人事战略不仅分析未来的需求，还在人员招聘初期聚焦在合适的目标群体上。向欧盟公民开放招聘文职人员，不仅可以扩充联邦部队的人员基础，还发出加强欧盟合作的强烈信号，为人才战略提供了新的动力。在此基础上，人员教育、培训和资格认证的机会也需调整，以适应工作环境的变化，为联邦警察部队做好应对未来挑战的准备。

如何吸引人才是联邦警察部队面临的一个重要问题。在竞争日益激烈的人才市场中，联邦警察部队将继续探索人事战略，吸引所需的文职人才。人事战略的重点在于制订及时灵活的人员招聘方案，改善专业技术人员的职业条件，采用基于业绩、机会均等的晋升方案，确定精确的专业技术方向，稳步增长工资，创造灵活的工作条件。引进先进的互联网技术设备，提供社会保障，修改完善多领域的法律框架，大力推行人事管理的现代化改造势在必行。

为应对日益复杂的任务，联邦警察部队注重加强警察和文职人员队伍建设，发挥组织和管理的现代化优势。引进基于目标的战略控制体系，加强指导委员会的作用，咨询具有专业知识的非现役专家，将其用于国防和军事政策方面的战略指导；继续审查和优化流程；提高组织的数字化程度，更好地利用其优势；继续建立以共同价值观为基础，对联邦警察部队整个职责范围具有约束力的管理文化和管理体系。

  上述两个方面充分体现了德国警宪部队严谨高效的文职人员制度建设水平。他们的经验和做法值得武警部队在文职人员制度建设中学习借鉴。

第 七 章

复杂多样的印度警宪部队文职人员制度建设

印度是四大文明古国之一,位于南亚次大陆中部,面积298万平方千米,截至2009年底人口为11.6亿,2009—2010财年GDP约为9653亿美元,2010年国防费开支为413亿美元。20世纪90年代以来,印度经济迅速发展,目前其GDP已位居世界前列,是世界十大经济体之一。近年来,基于谋求政治大国和军事强国地位的需要,印度逐年加大国防投入,军事实力不断增长,成为南亚地区的重要军事大国。

印度陆海空三军总兵力127万,居世界第四位,其中陆军103.5万,海军7万,空军17万,另有50万预备役军人和100多万准军事部队。

第一节 形式多样的印度警宪部队

印度的准军事部队种类庞杂,驻地分散,且隶属不同的部门(参见图7—1)。平时执行边防海防巡逻、情报搜集和内卫治安、反恐、巡逻等任务;战时则作为辅助力量配属正规部队执行作战任务。

印度警宪部队的组织形态特点之一就是种类名目多且繁杂,不易设置统一管理机构。有的警宪部队属于内政部、内阁秘书处等国家政府机构管理,而有的部队如印度海岸警卫队和印度国防部安全警卫队属国防部领导。由于管理部门不同,部队间在作战配合时需要上报管理机构才能协调合作,这就在无形中加大了配合的难度,使沟通协调占据大量时间。

印度的警宪部队是政府的执法机构,是全印警务服务组织、印度三

	印度海岸警卫队	共约4000人,隶属国防部,平时负责近海防卫与治安,战时归海军指挥,协助海军作战;分布在印度各个海域,定期在海上进行巡逻
印 度 警 宪 部 队	印度国家安全警卫队	共有约7400人,隶属内阁秘书处,负责反恐怖活动,成员来自印度三军和中央后备警察部队和边境保安部队,主要驻扎在新德里、孟买等大城市和重点政府部门
	印度特别保安部队	共有3000人,主要负责要员安全
	印度中央后备警察部队	共有约16.53万人,隶属内政部;目前主要部署在东北部毛派游击队控制地区参加清剿行动,还有一部分部署在中国和印度争议地区执行日常巡逻任务。这支部队是世界上最大的准军事组织
	印度各邦武装警察	共有约40万人(包括24个营的印度后备警察),主要负责本邦的治安任务,但也可调往其他邦执行任务;有一部分就在中国和印度边境争议地区驻扎
	印度边境保安部队	共有18.5万人,约有150个营;最高单位为旅。主要驻扎在中国和印度争议地区,负责争议地区巡逻以及与其余边境部队协调
	印度阿萨姆步枪队	共约5.25万人,隶属内政部,编有31个营,主要负责东北各邦的治安任务,在中印边境地区也驻扎了大量的兵力
	印度特种边境部队	共有9000人,隶属内阁秘书处;主要驻扎在中印边境争议地区
	印度中央工业保安部队	共有8.86万人,隶属内政部。主要驻扎在全国各个大城市,负责反恐怖、反骚乱等行动,以及武装巡逻等
	印度国防部安全警卫队	共有3.1万人,隶属国防部,主要负素国防部驻地的安全警卫工作
	印度铁路保安部队	共有约7万人,负责保卫印度全国的铁路干线、车站、车厢以及铁路沿线的安全警卫,对铁通线实行24小时武装巡逻,防止有人破坏铁路设施

图7—1 印度警宪部队分支概况

资料来源:作者自制。

大公务员体制机构之一,主要构成分为中央的联邦警察和地方的邦警察。[1] 印度联邦警察的名单由印度政府内政部每年度更新一次,公布所

---

[1] 杨莲珍、石宝江:《他山之石》,人民武警出版社2011年版。

有 IPS 警官的详细信息，可以从内政部网站访问查询。邦警察隶属于邦政府内政部，印度每个邦和联邦直辖区均部署邦警察。不论是联邦警察还是各邦的警察治安力量，按任务和功能都分为民事警察和武装警察。

中央—联邦警察（民事警察和武装警察）

地方—邦警察（民事警察和武装警察）

武装警察按照陆军步兵营的编制组建，配属到当地警察局。在印度，武装警察还有"特别武装警察""武装警察部队"以及"邦军事警察"等头衔。尽管称号不尽相同，但是其组织结构、武器装备和任务几乎一样。目前，印度中央政府提到这些警力时都称"武装警察部队"，而不鼓励使用"准军事部队"。然而，印度东北部的比哈尔邦称其武装警察部队为军事警察，这与中央政府对军事和准军事的定义相冲突，这里重点介绍联邦警察中的武装警察力量，即中央后备警察部队，它属于联邦警务机构，自然也隶属于政府内政部。

第二节　复杂的警宪部队文职组织形态

一、文职在印度军队中分布广、层级多，且历史渊源深厚

根据 2017 年一则印度新闻推断，印度现在有 20 万国防文职人员。有数据显示，印军文职人员占军队人员比例约为 1∶6。如在陆军司令部和军区司令部中，机关人员约为 42 万人，其中军人 31 万人（占 74%），文职人员 11 万人（占 26%）。印度国防部发言人称："文职人员和现役人员将成为印度国防效率的一对翅膀。"印军文职人员是国防部各级文职官员和在三军各级司令部、各技术兵种、战斗保障部队（军械、电机工程、运输、情报和通信部队）、勤务部队（勤务、军邮、医院、兽医、军事农场、征兵机构）和军事院校中的文职人员，以及工作在与国防事业各个领域相关的雇佣人员职工的总称，主要从事作战保障和后勤支援等辅助性工作。

通过对 2007—2009 三个财年印度国防费预算分配统计表的分析，有助于我们更好地掌握印度国防费分配政策及其所执行的国防和军队建设

及发展战略①。据数据分析显示，国防费用支出中40%的费用用于支付军人的薪资和福利，其中也包括文职人员的工资。

从表7—1中的信息我们可以得出以下结论：

1. 文职人员的使用显然已经渗透到军队的各个层面，海陆空三军都有大量文职人员，这些在基层部队的文职人员工作和处于管理岗位国防部的文职官员是不同的。

2. 在国防研究与发展的部门里，文职人员的占比已经大大超过现役军人。国防科研、军工生产、军事院校、后勤保障等非作战领域较多地使用文职人员，这样可以精减兵力，提高战斗力，稳定科研和生产劳动力。如：印军著名智库——国防研究与分析所，就聘请有大量文职研究人员。又如：新德里高级国防学院直属于国防部，设院长1人，为中将军衔军官，轮流从陆海空军中产生；院长下设5名助手，其中3名分别为陆海空军少将军衔军官，另2名为政府部门和外交部门相当于少将衔的文职军官。如此安排，除了有代表国防主体力量的含义外，还因为学院主要是为印度陆海空三军，由政府有关部门和友好国家培训高级军官和文职官员负责，便于协调与各方的关系。

表7—1 2007—2009三个财年印度国防费预算分配统计表

	项目	2009/2010年度	2008/2009年度	2007/2008年度
国防局	国防秘书处费用	99.591	87.668	64.587
	海岸警卫队费用	190.438	121.879	90.041
	查谟和克什米尔步兵团费用	54.993	41.993	32.2233
陆军	现役军人工资和福利支出	3312.63	2433.08	1450.208
	准军事部队人员工资福利和其他支出	68.679	48.004	27.7
	现役文职人员工资和福利支出	295.523	233.519	156.91
	军队农场支出	21.416	22.014	19.595

---

① 邱蜀林、廖永东：《世界典型国家国防费管理研究》，军事科学出版社2014年版。

续表

	项目	2009/2010 年度	2008/2009 年度	2007/2008 年度
海军	现役军人工资和福利支出	160.1	159.007	104.6
	现役文职人员工资和福利支出	125.08	108.684	71.881
空军	现役军人工资和福利支出	429.762	350.198	245.743
	现役文职人员工资和福利支出	58.385	51.753	36.005
国防研究发展	现役军人工资和福利支出	15.659	12.51	7.816
	现役文职人员工资和福利支出	144.083	110.842	67.185

资料来源：作者自制。

印军在司令部和机关任职的文职人员较多，如陆军司令部中就有20%的文职人员。国防生产与供应局是印度武器装备生产与供应的主管机关，负责制定规划、计划，为武装部队研制生产和购买武器装备，并协调计划的执行。其下设5个处，负责8家国防公营企业和39家兵工厂，构成印度主要的国防工业体系，从业人员超过30万。这些人员大部分从事文职人员岗位，或属于部队雇佣人员。

早在1993年，印度国防部就有文件规定文职人员的休假和薪酬制度。在那时就有活跃在军队中的文职人员，并且相关的配套法规制度就已完善。由此可见，印军使用文职人员也是有段历史的。

印度国防部的文职官员即 Civilian Officer，有着悠久的历史，甚至受到英属印度的殖民文化影响，具有文官治军的特殊性。为部队提供战略保障的文职岗位的工作人员为 Civilian Personnel，他们活跃在机关或基层的各个岗位，因军制管理而分属不同的管理机构。此外，还有以合同聘用制为基础雇佣到部队工作的人员，他们被称为 Civilian Employee。下面分别进行论述。

二、英属殖民地历史发展中形成的文官治军

所谓"文官治军"，就是建立由文官主导型的国防领导体制。以文官为主的国防部是最高国防领导管理机构,是实体性国防部,列入政府编制序列,负责协助总理统一领导全国国防事务,拥有全面的军政权和军令权。

(一) 历史变革

印度"文官治军、三军分立"的领导体制形成于英国殖民地时期。英属印度政府由英国人操控,为避免以印度人为主体的军队人员干预政治,在军队组织形态上形成一套较完善的防范体制。即使独立后,印度政府依然仿效西方的国防体制并有所发展和改善,按照"文官治军"的原则,印度进一步削弱军人的权利,加强了文官对军队的控制。[①] 印度前总理尼赫鲁早年求学于剑桥大学,对于美英宪政精神有着深刻体会,力主排除军方而依靠文官控制国家决策机构。加上尼赫鲁着眼于经济发展、对军方抱有敌意,直接导致军方在印度国防规划中处于边缘化地位。

为了确保文人领军制度的确立与巩固,尼赫鲁政府首先是通过立法确立了文人领军制度化,宪法中又确立总统为全国武装力量的最高统帅,并由总统委托内阁总理行使领导权。在尼赫鲁时期,国防部各部门甚至全部由文职官员领导,拥有全面的军事决策权并控制了情报权,军队的财政命脉也一直受到财政部的严密控制。至此,从权力机构、决策程度、军事预算等各方面都确保文人政府对军队的控制。

再次是加强文官对国防部的领导,如在1955年,印度国防部下令将三军司令员改名为三军参谋长,并且直接对文官掌管的国防部负责。如此,进一步加强了文官政府对军队严密的控制。

(二) 发展特点

为便于对军事首脑人物的控制,印度政府还相对降低了军官在社会上的地位。1947年政府的国防秘书衔级低于中将,改革后则与上将同格;原先一个邦的首席秘书相当于准将,后来则相当于少将。

甚至在谈及军方在印度核决策中的作用时,往往只是笼统地指出,印度核决策最显著的特色就是军方几近被完全排除于核决策之外,或是

---

① [德] 库尔克·罗特蒙特著,王立新译:《印度史》,中国青年出版社2008年版。

军方在核决策中的地位无足轻重。即使是在印度当今的国防决策体制中，军方仍严重远离由总理主导的小圈子所构成的核心决策圈、文职领导人持续加强对核决策的严格控制，几乎没有给军方留下发挥影响力的空间。印度规定，只有经过文官领导下的国家核指挥局的授权，才能进行报复性核打击。国家核指挥局由政治委员会和执行委员会两级机构组成。政治委员会是唯一有权下令使用核武器的机构，其主席由印度总理担任。印度认为，最高文官政权绝对有效地控制着全国的战略资产，因此战略武器系统不会在国家法定政策规定的范围以外使用。另外，印度要求核武器的所有权和控制权分离，主张分别储存核武器的核心部件、武器装置和发射平台，将这三个部分分别置于不同的文官和军事机构管辖之下。[1]

（三）领导体制

印度实行"文官治军、三军分立"的国防领导体制。一方面，确保了文人政府从权力结构、决策程序和军事预算等各方面对军队实施控制有效管理了军队，印度自独立以来从未发生军事政变就能够证明这一点；另一方面，印度陆海空三军平行，每个军种都自成体系，这样就提高了弱小军种海、空军的地位，便于政府直接向海、空军拨款，给予特殊优厚的发展条件。此外，三军分工明确，头绪简单，便于各自的训练、管理和指挥，避免了相互矛盾。[2] 但随着时间的推移，特别是经过战争考验，这一国防体制的弊端也显现无疑，主要在于责任与权力分立、决策与执行脱节。从一定意义上讲，管住了军队，却牺牲了战斗力。这主要表现为：一是重大的军事决策权集中在总理和国防部长等少数人组成的内阁安全委员会手中，军方无权参与决策，容易造成决策失误。如1947—1949年第一次印巴战争期间，尽管印军实力远远超过巴军，但印度的战争决策者既对军事形势缺乏理解，又拒不接受军方的意见，致使战争进程未能按印军的设想发展。二是国防部与武装力量之间、国防部

---

[1] 作战概念与指挥艺术研究：《印度武装力量条令汇编》，知远战略与防务研究所，2017年。

[2] 军事科学院世界军事研究部：《印度军事基本情况》，军事科学出版社2006年版。

文官与三军参谋长之间存在权责分离，决策与执行脱节的严重问题。国防部直接统帅陆海空军司令部，三军司令部只是国防部领导之下的执行指挥机构，军队发展、军费预算、武器装备、行政管理、军事调动等大权都由国防部文官掌管，造成权责分离，决策与执行脱节现象严重。比如，由于缺乏专业和技术背景，国防部文官负责采购的武器装备往往不适合军队。再如，国防部长和众多国防秘书都是"政治性"任命的文官，一般都是到期离职，频繁更迭使他们不能深入了解国防和军事事务，造成决策频繁失误，但执行的责任却要由军方承担，造成双方矛盾重重。

因此，在全国国防、军队、警宪部队中部署文职力量时，国防部要如何体现其文官治军的特点？首先就是要在国防部建立统一的影响全国范围的文职人员管理机构。

三、文职人员管理体制分层级规定职责

（一）国防部文职人员管理机构统筹全国国防文职人员管理

印度国防部年度报告中就谈到国内外安全问题、国防部各部门的职责、三军以及海岸警卫部队的发展、国防工业以及研究的发展等有关国家防卫和安全的各类问题。其中，有一章还专门谈到为现役部队提供服务的组织（Inter Service Organizations），包括军事大学和学院、医疗、运动竞技、工程服务、影像照片、人员管理等方面。专门有一部分称为首席管理行政部门（Office of The Chief Administrative Officer，简称 CAO），负责向国防部各军种总部和国防部各军种间组织提供文职人员和基础结构构架的支持。CAO 的首席官员还主要负责训练培训、安全保密的职责，尤其是 2017 年又增加了信息安全职责。[①] CAO 由 10 个分支部门组成，通过承担和运行各自的职责来统一行使行政管理权力。这 10 个分支部分分别是：

1. 人力计划和招聘部门（Manpower Planning and Recruitment Division）

---

① Ministry of Defence, Government of India, Annual Report 2016–2017, New Delhi, 2017.

这个部门负责各种类别的武装部队总部（AFHQ）的干部以及前任干部的招聘；富有同情心的就业（即对转业复员等军人的就业安排）；对不同级别的招聘规则提供框架和修正；对敏感组织中工作的员工重新核定性格和经历；干部审查和重组；支付佣金等工作。

2017—2018年度，经联邦内阁批准，该部门对武装力量的文职队伍进行干部改组，[①] 修订了10份AFHQ文职干部征聘细则，新聘了222名在职人员（包括59名B组人员和163名C组人员）。

```
Office of                Manpower Planning and Recruitment Division
the Chief                        人力计划和招聘部门
Administrative
Officer                  Personnel & Legal Division 人事和法律部门

                         Departmental Discipline, Coordination and Welfare Division
                                     纪律、协调和福利部门

                         Defence Headquarters Training Institute (DHTI)
                                       国防总部训练学院

                         Administration Division 行政部

                         Medical, Pension & Budget Division
                               医疗、养老金和预算部

                         Departmental Discipline, Coordination and Welfare Division
                                     纪律、协调和福利部门

                         Finance and Material Division 财务及材料部

                         Works Division 工作部

                         Quartering Division 住宿部

                         Special Project Division 特殊项目部
```

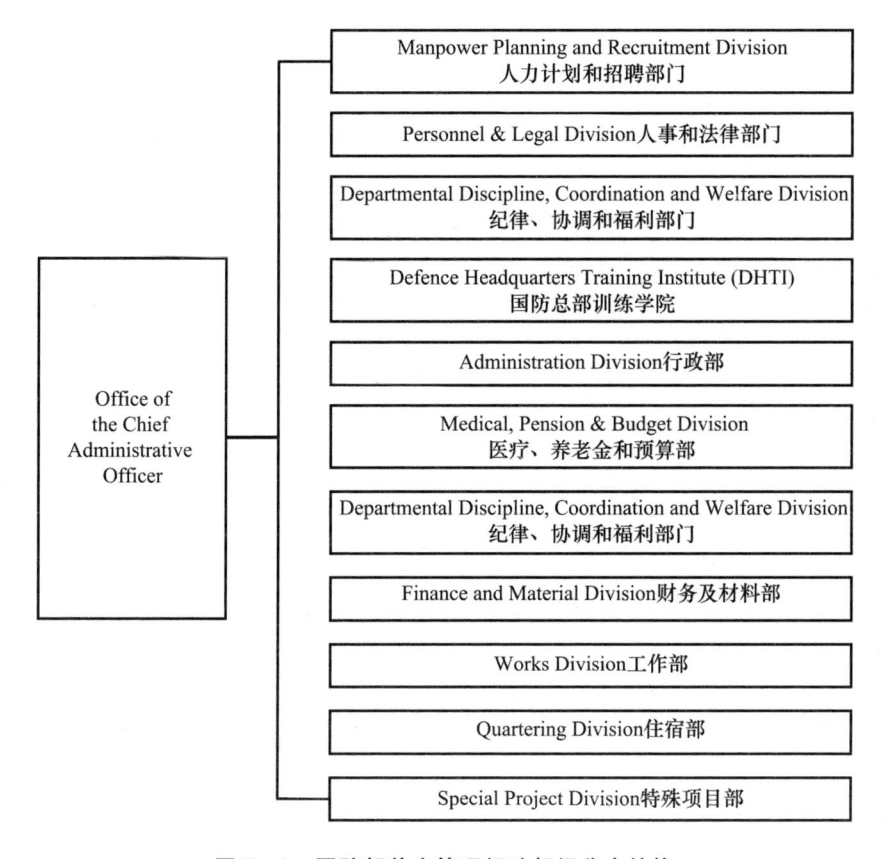

图7—2 国防部首席管理行政部门分支结构

资料来源：作者自制。

---

① Ministry of Defence, Government of India, Annual Report 2017-2018, New Delhi, 2018.

2. 人事和法律部门（Personnel & Legal Division）

人事法务科负责干部管理工作，包括分别派驻海陆空总部和27个跨组织服务机构的约200个文职人员的职位安排、提升和委任工作。这个部门也负责CAO办公室的法庭案件。2017－2018年，616名实习人员在试用期被解聘；在不同级别的武装力量总部文职干部中，528名员工（其中组A—34、组B—318、组C—176）获得晋升，507名AFHQ文职干部员工在MACP和NFSG下获得财政津贴。在部门领导下，共有346宗个案接受复检。

3. 纪律、协调和福利部门（Departmental Discipline, Coordination and Welfare Division）

这个部门负责处理AFHQ文职雇员的纪律情况；协调官方语言政策的实施；福利公益活动；JCM；女性工作单元；体育和文化活动；部门的食堂；雇佣人员的任命；国防文职医疗援助基金（DCMAF）等。此外，也管理国防部（MoD）和国防力量NDF，为军队购买娱乐阅读材料。

4. 国防总部训练学院［Defence Headquarters Training Institute（DHTI）］

国防总部训练学院（DHTI）的任务是为派驻在服务总部和跨服务组织的文职人员提供训练。除了干部培训课程，DHTI还为来自三个服务总部和ISOs的官员提供采购、RTI、内阁纪要、议会程序等专业课程培训。在2017—2018年间，在德里举办了120个课程。此外，还在全国各地的单位干部中开展了33项培训。

5. 行政部（Administration Division）

6. 医疗、养老金和预算部（Medical, Pension & Budget Division）

本部门处理在国防部（陆军）IHQ/ISOs工作的文职雇员的所有有关薪金和津贴及行政工作（医疗、养恤金和预算案件除外），但在CAO/A-2的行政控制下工作的文职雇员除外。

7. 财务及材料部（Finance and Material Division）

8. 工作部（Works Division）

9. 住宿部（Quartering Division）

10. 特殊项目部（Special Project Division）

（二）军队文职人员管理体系细化具体

武装部队总部文职人员局创建于1968年，是一个为武装部队提供支持的内部机构。一名军官说："如今，它拥有约3000人，首席主管被设定为与旅长、少将或印度行政局联合秘书相当的职务。"①

文职人员按照职级从高到底分为首席主管、主管、联合主管、副主管、分部主管、助理六级。不同级别的晋升选拔和薪酬标准都有着严格的规定。

在晋升任命方面，主要有晋升选拔和直接招募两类。直接招募是指参加由联邦公务员委员会主办的文职人员统一考试。首席主管、主管、联合主管、副主管为晋升选拔；分部主管和助理的人员来源分别为晋升选拔占50%与直接招募占50%。如果某些职位在特定时期内直接招募不能补充足够人员，可视情通过晋升选拔填补。助理以上级别的文职人员在军队服务年限达到要求年限（一般为4—6年）的一半后或者至少满足两年军队服务年限，才可具备晋升选拔的资格。每一级别的职位任命期一般都是4年或者超过4年。联合主管级别以下的文职人员，尤其是助理和分部主管，必须完成2年的见习期，漫长的见习期间会有被解雇的可能性。在特殊情况下，军队任命机构可根据政府指令延长文职人员的见习期。

首席主管、主管的薪酬级别为4级，联合主管、副主管、分部主管为3级，助理为2级，薪酬水平随政府公务员的涨幅标准实时调整。②

海军是技术密集型和人力密集型部队，在印度海军发展中，尤其是进入到航母时代后，对文职人员的需求越发凸显。近几年，印度逐渐加强了海军建设，加大海上国防力量的重组和战斗力的提高，如据印度国内媒体报道，由于缺少文职技术人员和装备维护所需的车间，印军斥资近60亿美元建成的号称亚洲最先进的海军卡尔瓦尔基地根本无法正常运

---

① 军事科学院世界军事研究部：《印度军事基本情况》，军事科学出版社2006年版。
② 郑椿霖等："打造'不穿军装的兵'——西方国家军队文职人员制度管窥"，《环球军事》2006年第12期。

作。印军官员表示，该基地的人力资源缺口已达到35%。那么除了军职人员，每一个海军舰艇编制中，甚至航母的人员构成中都少不了文职人员的使用，因此这几年海军现役文职人员的工资和福利支出在国防费用中的占比一直在升高。

在印度海军的官网上，人员构成中明确有三种分类：现役（军官和船员）、退役军人和文职人员，并且在组织机构中有专门的文职人员管理系统。

从图7—3可以看出，在海军人事结构中有两个分支，分别是现役人员的人事总监助理ACOP（HRD）和文职人员的人事总监助理ACOP（AC）。文职人员管理中又分有薪资、津贴、人事、招聘等具体部门。这里需要明确的是，招聘部门负责招聘的多为合同制聘用的雇员，如船务电焊工、后勤保洁、打字记录、仓库运输人员等。印度政府曾宣布"海军军力远景计划"，称未来15年里，印度海军兵力将扩充近一倍，增加至近18万人，包括1.06万军官、8.5万士兵和7.5万文职人员。[①]

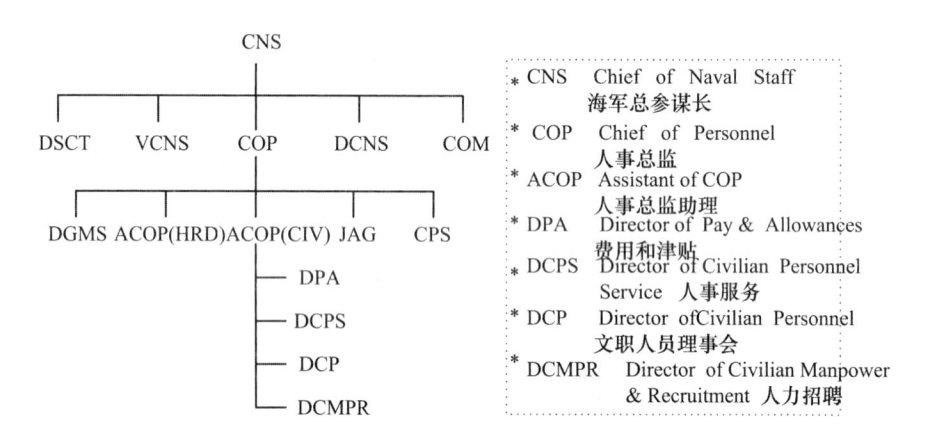

图7—3　印度海军人事部门组织结构图

资料来源：作者自制。

[①] 北京海鹰科技情报研究所：《印度军事力量跟踪研究》，北京海鹰科技情报研究所，2013年。

（三）警宪部队文职人员管理细则

1. 招聘规则既有类似于公务员的统一考试，又有合同制临时招聘

印度警宪部队具有中央和地方双轨制特点，并且警种过多，不便于逐一调查清楚，因此选取中央后备警察部队作为主要研究对象。原因一是属于中央内政部管理，可查到具体的文件法令。二是因为人数众多，中央后备警察部队是印度乃至全世界规模最大的准军事组织。印度的邦警察机构虽然是相互独立的，且在装备质量、人员素质及数量等方面有所不同，但是其组织构成和运作模式非常相似，都基于"1861法案"。它确立了印度警察机构的基本组织原则，多年来只做了一些细微修改，至今仍在发挥重大作用。因此，笔者认为可以以中央后备警察部队的文职人员研究作为蓝本，以总结印度警宪部队文职人员的一般性规律。

印度警察的征募由各邦及联邦政府责成"公共服务委员会"来负责。其中文职人员的职位由"员工选拔委员会"通过公开的考试选拔来完成。这种考试近似于印度的"公务员"考试。选拔的人员多分布在警察部门的机关或重要部门，因为人数较少，薪酬福利待遇也比较好。[1]

在中央警宪部队的官网上经常能够看到招聘文职人员的告示，包括：教授、首席医官、高级医官、高级私人秘书、文职仓库官、药剂师、医学社会工作者、图书馆员、兽医、中学老师、消防员、裁缝、园艺工、看门人、理发师、洗衣工等。大多数职位都是基于合同制的聘用和雇佣，在合同上都有明确的薪酬和资质条件。这说明通过印度联邦公共服务委员会的考试选拔的文职人员远远不够基层部队的使用数量。

2. 津贴福利种类繁多，但只有现役津贴和补助的一半

从CRPF官网上找到的有关部队人员福利待遇的文件中可以发现，在CRPF部队中工作的文职人员享有部分与现役相同的津贴和补助，如：

（1）城市补偿津贴（City Compensatory Allowance）

（2）途中每日津贴（Daily Allowance on tour）

（3）丧葬补助金（Funeral Allowance）

（4）高山补贴（Hill compensatory Allowance）

---

[1] 王培志："在各国军队中有一群'不穿军装的兵'"，《政工导刊》2017年第5期。

（5）租房补贴（House Rent Allowance）

（6）旅馆的补贴（Hostel subsidy allowance）

（7）请假旅行特许（权）（Leave Travel Concession）

（8）医疗退还（Medical Re-imbursement claim）

（9）退还学费（Re-imbursement of Tuition fees）

（10）设备维护津贴（Kit maintenance Allowance）

（11）训练津贴（Training Allowances）

（12）交通运输津贴（Transport Allowance）

（13）配给钱津贴（Ration Money Allowance）

（14）Washing allowance/KMA

（15）补贴代替驻扎［Compensation in lieu of Quarter（CILQ）］

（16）特别职务津贴（Special Duty Allowances）

（17）探亲津贴（Addl. LTC）

（18）奖章津贴（Medal allowance）

（19）医疗津贴（Medical Allowance）

（20）退休酬金/死亡酬金及其他退休金福利（Retirement Gratuity/Death gratuity & other pensionary benefits）

（21）支队津贴代替离开总部的每日津贴（Detachment Allowance in lieu of daily allowance being away from HQr）

（22）特别补偿偏远地区津贴（Special compensatory remote locality Allowance）

（23）非生产性挂钩奖金（特别奖金）（Non-productivity linked Bonus（Adhoc Bonus））

从这些分类繁杂的津贴和补助中可以推测，在部队工作的文职人员的待遇是有保障的，而且已经得到制度上的重视，有较为系统的安排，能够保障文职人员的基本生活需要。但是纵向对比文职人员的福利待遇和印度士兵以及军官的福利、津贴和补助性津贴之后，不难发现，对于现役军人的补助、津贴和福利更多更丰富更详尽，从孩子上学受教育到坐火车享受的特权，以及受伤之后的鉴定和恢复等。印度很多邦和部落还会给自己的武装警察部队分发一些额外的津贴补助，其中2005年中央邦出台的一项"胡子津贴"就一度引发热议。这项令人匪夷所思的制度规定该邦的警察只要蓄留胡子便可按月领取"胡子津贴",而且胡子越长所得到的津贴也就越高,真的是将军人生活中的一切大小事项无所不包。与现役军人相比,文职人员的津贴福利要少近一半左右,因此在基层部队工作的文职人员或雇员,待遇上还是低于军职人员,地位上应该更是如此,完全不能跟在国防部工作的文职官员相提并论。

第三节 可以学习借鉴的经验做法

一、过于复杂的组织管理形态不利于高效沟通和配合

按照印度宪法,维持法律和社会秩序主要职责在各邦,正是因为这种中央和地方分级管理又错综复杂的关系,印度各个邦都建立起能够维护自己权利的警察队伍。由于近几年恐怖事件增多,印度各邦成立了应付恐怖主义的武装警察力量,其中比较有名的有中央工业保安部队、边境保安部队、中央后备警察部队、国家安全卫队等国家特警组织。中央政府可以为各邦在建立自己的警察力量时提供资金、情报、人员培训等帮助,派专业人员指导,必要时用中央准军事部队来弥补当地警察力量的不足。但中央准军事部队存在的弊端是它是由内政部管理,不向地方政府负责,在作战行动中由于对当地的地理和自然环境、民风民俗等生活习惯比较陌生,使其难以发挥应有的作用。甚至连最基本的语言沟通都需要一定时间去适应。此外,各邦警察是由各邦地方政府负责,而准军事组织由内政部负责,它们之间各自为战,互相独立,缺乏沟通与合作,缺乏统一的协调指挥,这也大大影响了反恐效果。无论是中央情报机构之间、中央情报机构和地方情报机构之间,还是各情报部门与安全部门之间都缺乏协调。有印度学者指出,印度的情报机构和各邦警察局基本上都是监视与被监视的状态,把有效资源都浪费在勾心斗角的暗中监视上。

2019年2月14日,印度警察部队遭遇袭击的新闻震惊了世界:在印控克什米尔地区,发生了一起专门针对印度中央后备警察部队的自杀式袭击,袭击造成44人死亡,数十人受伤。遇袭的警察部队是一支有

2500人的车队，遇袭时正在去往印控克什米尔首府斯利那加的高速公路上，这时候突然有一辆载有300至350公斤炸药的汽车冲向车队，在撞上其中一辆大巴后爆炸，造成大巴内士兵重大伤亡。有调查称，当时恐怖事件发生后，由于当地警察和中央后备警察部队之间缺乏有效的沟通和展开救援工作，缺乏有效的反恐机制和行动预案，错过了护送伤者到最近医院医治的时机。

这种混乱的组织模式在文职人员招聘和管理中也同样存在着。地方以及各军种都可以招聘自己现实所需的文职工作，而且多数以劳动合同聘用制为主，管理上又比较松散。不仅没有增强部队的战斗力，还有可能造成不必要的问题。这些对于我国文职人员管理的重要启示，就是要加强中央军委的统一管理，使管理组织系统化、科学化、高效化。根据2005年国务院、中央军委颁发的《中国人民解放军文职人员条例》，我军于2006年开始在全军院校部分岗位实行文职人员人事制度改革，这是军队人事力量改革的重大调整，是实现地方人才教育与部队人才需求紧密衔接的有效途径。实施7年来，文职人员队伍日益成熟，待遇进一步提高。2012年9月，中央军委批准《军队文职人员管理规定》发布，对于文职人员法令从招、训、考、用、出等各个环节进行了系统规范。也是从这一年开始面对社会大规模招聘文职人员，将地方优质人才吸引到军队中。2013年，《中共中央关于全面深化改革若干重大问题的决定》首次在党的文件中明确提出健全完善文职人员制度，并且成立了专门负责文职人员事务的管理机构"文职人员局"。2014年，全军首次实行文职人员统一招聘。2015年11月，习近平在中央军委改革工作会议的讲话中要求继续推进文职人员制度改革。2017年10月，党的十九大报告指出深化文职人员制度改革，使文职人员的组织管理体制更加科学规范。

二、系统科学的薪资和福利待遇是吸引人才的重要保障

聘用手续严格并且复杂的条件下，如何能吸引并留住高学历、高职称的人才投身到军队文职人员队伍中？最直接的方法就是提供可观的薪酬以及优渥的福利待遇。尤其是第六次和第七次印度全国范围内的薪酬委员会议案中都明确规定了军队文职人员的薪酬分级和福利待遇保障。

并且在印度国防部和内政部招聘文职人员时，也明确指出所招聘文职人员的岗位薪酬对应全国薪酬分级中的哪一级别，以及有明确的浮动区间标准。正是因为印军将文职人员的发展目标、招聘程序和待遇条件明确清楚的用官方文件发布出来，才建立了人员构成合理、长期持久稳定的文职人员队伍，这也是所有组织实现稳定发展的条件。

我国军队改革的一项重要任务就是建立一支服务于军队、可靠稳定的文职人员队伍。因为高素质的文职人员不仅能为军队现代化建设添砖加瓦，而且能够节省军队优质战斗力量。因为军队担负着抵御外敌、维护领土完整、保卫人民安全的神圣职责，让现役军人能够集中精力在战场前线，能够提高战斗效率。那么，其他为战争提供服务和技术保障的工作，就可以由文职人员来代替。文职人员就是不穿军装的军人，虽然不穿军装但是又和地方人员不同，因为工作环境涉及军队和战争，那么文职人员的工作就具有一定的风险性。如何能在动员和招聘过程中避免风险性带来的顾虑？其中一个方法就是建立合理有效的薪酬福利制度。用奖励的方法，让文职人员感到为工作的付出能够和回报对等。这样不仅能激励员工全身心投入工作，确保工作积极性，而且对于军队和国家的长治久安都有可预见的效果。公平合理的权益保障，是任何组织单位在吸引人才资源时都必须考虑的因素。

由于我国军队文职人员制度实行的年限还短，很多条令法规建设还不到位。文职人员的薪酬福利执行标准因各地物资水平不一致而不统一。另外，还应该为文职人员提供生活中的福利权益，如旅游景区票价优惠政策，看病就医的优惠政策等。这些都是生活中实际实用的福利好处，不仅在待遇名目上缩小了文职和现役军人的差异，也提高了文职人员社会身份的认可。具体制度在制定过程中要加大对文职人员的调研了解，把文职人员的福利待遇纳入军队福利待遇的统一规划，制定符合文职人员特点的福利待遇标准，明确文职人员的福利待遇的范围，保证文职人员的合法权益。

从世界军队建设发展的历史进程来看，军队文职人员的发展是大势所趋，但是任何一种制度的建设都不是一蹴而就的，尤其是各个国家的国情军情也都不同。中国现阶段正值军队改革敏感期，文职人员的制度建设也在不断探索和改进。虽然文职人员现阶段的权益保障和我国军队的国防人力资源战略目标还有差距,但是随着一系列条令法规的颁布,存在的漏洞和问题也在不断地改进和完善。不忘初心,砥砺前行,要相信军队的现代化建设离不开人才,只要制度设计不断优化,必将会有更多高素质人才投身到国家和军队的建设中来。

第 八 章

岗位多样的意大利警宪部队
文职人员制度建设

第一节 意大利警宪部队文职人员制度发展历程

意大利警宪部队的主体是国家宪兵队，主要职责包括反恐、救援、安保和维和。国家宪兵队也称卡宾枪骑兵队（Arma dei carabinieri），该骑兵队是意大利陆军建立的第一支部队，自2000年开始，这支极具陆军传统文化的部队正式升格为意大利海陆空三军之外的第四个独立军种，由国防部直接管辖和指挥。

一、18世纪至1944年

意大利警宪部队的前身为意大利卡宾枪骑兵队，它的起源可以追溯到18世纪，当时萨丁尼亚王国国王维托里奥·埃马努埃莱一世下令组建一支专业警察部队来负责王国的警务工作。之后，卡宾枪骑兵队升格为萨丁尼亚王国的御前部队，并冠以"皇家"的头衔。1846年意大利共和国成立后，这支皇家卡宾枪骑兵保留下来，并改为负责共和国总统的安保和仪仗任务。随着意大利统一运动进程的发展，萨丁尼亚王国的版图不断扩大，皇家卡宾枪骑兵队的规模也随之扩大，最终于1861年3月17日改组为意大利陆军第一支正规军队。

作为"第一陆军"，卡宾枪骑兵几乎参加了意大利王国成立后的每一场战争，包括第一次世界大战和第二次世界大战。在墨索里尼独裁统治时期（1922—1943 年），卡宾枪骑兵也沦为法西斯党的一支亲信部队，专门负责镇压意大利境内的其他政治异见势力。1943 年 9 月 8 日，在与盟军签订停战协议后，意大利分裂为意大利社会共和国和意大利王国两部分，卡宾枪骑兵也因此分为两派。此后，卡宾枪骑兵在与纳粹德国的战斗中付出巨大牺牲，战后意大利政府为卡宾枪骑兵颁发了银质军事勇气勋章，作为对他们忠诚卫国的褒扬。

二、1944—2000 年

第二次世界大战结束后，卡宾枪骑兵进行重组，继续充当新成立的意大利共和国的军事与警备力量。作为一支国家武装力量，卡宾枪骑兵具有宪兵性质，在战后积极参与境内外各种国土防卫、国际维和、反恐怖主义、人道救援、治安执法等任务，并与联合国、北约、欧洲安全组织和欧盟等国际组织或军事联盟紧密合作。

为了应对国内猖獗的黑手党和日益严峻的国际恐怖主义的威胁，意大利政府成立了本国的特勤部队，以处理突发性安全危机。而新成立的特勤组就编入拥有深厚陆军传统与丰富作战经验的卡宾枪骑兵。同时，卡宾枪骑兵在救灾救援方面也发挥着积极作用，多次参与发生在意大利境内的地震的救援搜救工作。宪兵部队从此时起具有独特的双重职能：既有军队作战的军事职能，又承担着维护社会安定和救援等民事职能。

三、2000—2012 年

卡宾枪骑兵队在 2000 年正式升格为意大利海陆空之外的第四支独立军种，直接受国防部领导和管辖。升级后的国家宪兵队主要承担国土防卫、境外反恐、救灾救援、治安执法等任务，并在联合国、北约、欧盟的行动框架下积极展开军事合作。在北约行动方面，卡宾枪骑兵提供后勤管理、物流运输，并参与境外军事干预行动、境外警备任务、联合国维和任务。此外，宪兵队也进行调查和情报搜集方面的工作。随着恐怖主义威胁日益加剧，意大利国家宪兵队一方面维护国内安全、打击恐怖分子，另一方面也积极投身于阿富汗及伊拉克的反恐战场。

四、2012 年至今

2012 年，面对国内严重的金融危机形势，意大利国防部长向政府和议会提交了意大利军队编制大规模改革方案。改革内容主要为削减军队员额，建立面向未来战争、符合大国定位的现代化军队。这场改革涉及国家宪兵队的方方面面，在人员结构、人员编制、军事预算、军事建设、武器装备方面进行调整和改善，旨在通过提升人员训练水平、提高军队自动化水平、精简军事机构、削减冗杂员额、平衡财政投入等措施，推动国家宪兵队的改革进程，应对恐怖主义和极端势力不平衡变化的挑战，建立起现代化宪兵制度的组织结构，为未来 30 年的军事政策发展提供强大动力，顺利融入欧洲一体化安全体系。

第二节　意大利警宪部队文职人员制度建设实践

意大利是欧洲国家中军队力量较为强大的国家，武装力量是其实现国家外交目标的重要工具，在 2012 年意大利军队编制大规模改革之前，意大利武装力量为 19 万。为促进国家武装力量现代化，意大利通过 2000—2025 年计划进行军队改革，武装力量将削减至 15.1 万人，其中文职人员削减 9000 人。据 2019 年意大利国防部最新数据显示，当前意大利国防部文职人员约 2.5 万名，在意大利国防和军队建设中发挥着重要作用。

一、管理体制

根据意大利国家宪法，总统为国家元首和武装力量最高统帅。国防政策以及军队建设由总理全面负责，同时总理需协调政府各部、各局与国防相关的工作。国防最高委员会行使最高军事领导权，由总统、总理及国防、外交、内政、国库、预算、工业、农业等部长和国防参谋长组成，总统任主席，总理任副主席。[1] 文职国防部长在总理的领导之下，

---

[1] italia-ru. com/page/italyanskaya-armiya. [2020 – 03 – 15].

对武装力量进行总领导，负责武装部队的建设及管理，实施执政党联盟在国防和军事建设领域的政策。国防部是其工作机关，国防部的咨询机构是武装力量最高委员会。国防部长、国防参谋部及各军种参谋部对军队进行直接领导。

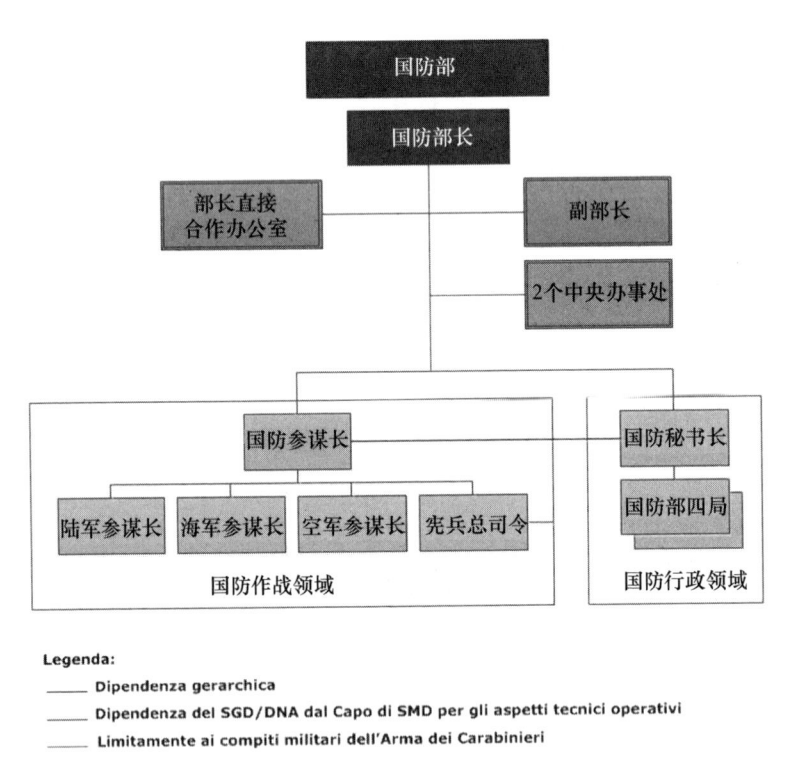

图8—1 意大利国防部结构图

资料来源：意大利国防部。

国防部下设部长直接合作办公室，包括外交顾问办公室和军事政策办公室等，由国防部长负责，下设文职副部长、国防部发言人等。其中，文职副部长负责国防部文职人员事务、劳资关系、军事司法、绩效评估、政策咨询等事务，以及与国防部改革实施相关的问题。

国防部下设两个中央办事处，即中央预算及财务事务办事处和中央行政检查办事处。前者负责国防预算管理和培训进程等，如拟定国防部财政和经济概算草案、管理预算资金、就经济和货币问题的国际惯例提供指导等。后者依据2010年3月15日第90号总统令第112条规定，为行政和会计检查提供服务，检查程序是否正确实施，发现并起诉任何违规行为，采取适当行动提高行政工作的效率。办事处通常会根据年度方案进行定期检查，必要时进行特别检查。该处处长是一名高级文职人员，负责督导小组及两个检查部门，直接向国防部长报告，并由一名准将处长协助。

国防参谋部是国防部下属实施作战指挥的主要机构，由国防参谋长（CAPO SMD）负责，下设陆海空参谋部。参谋长委员会主要负责制定以及协调与三军相关的重大问题，国防部长任主席，成员包括三军参谋长及国防部秘书长。陆海空三军参谋长（CAPO SME、CAPO SMM、CAPO SMA）及宪兵总司令均向国防参谋长汇报。宪兵总司令（CTE GEN. ARMA CC）是宪兵部队最高将领，根据国防部长的提议，听取国防参谋长的意见，经部长会议审议，由共和国总统以法令任命，但宪兵司令仅限于负责宪兵的军事任务。

在国防行政领域，国防秘书长（SGD/DNA）下设四个局，包括军事人员局（PERSOMIL）、文职人员局（PERSOCIV）、军事社会保障和征兵局（PREVIMIL）及委员会和一般事务局（COMMISERVIZI）。文职人员局是根据1998年1月26日的部长法令设立的，《欧洲共同体条约》第48条对此做了规定。根据2010年第90号部长法令，文职人员总局于2013年1月进行了重组。[1]

文职人员局主要负责国防部文职人员的招聘、就业、培训、岗位调动、劳资关系等，保障文职人员的法律地位，规定文职人员应遵循的纪律及各项条令，确保文职人员享受应有的福利和社会保障待遇，以及平等就业和晋升等，规划文职人员的职业发展路径，解决就业争端及针对文职人员的劳动诉讼。在军事卫生总局解散后，2012年部长令还赋予其代表国防部各机构与文职医务人员签订合同的权力。

---

[1] http://factmil.com/publ/strana/italija/prokhozhdenie_zhenshhinami_voennoj_sluzhby_v_vs_italii_2007/37－1－0－744．［2020－02－10］．

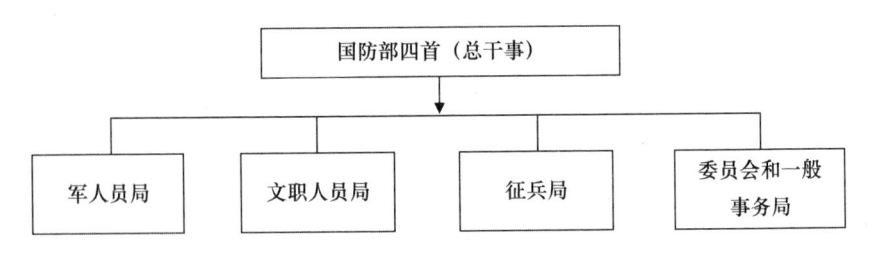

```
                    ┌─────────────────┐
                    │ 国防部四首（总干事）│
                    └────────┬────────┘
        ┌──────────┬─────────┼─────────┬──────────┐
   ┌────┴───┐ ┌────┴────┐ ┌──┴───┐ ┌───┴──────┐
   │ 军人员局 │ │ 文职人员局│ │ 征兵局│ │委员会和一般│
   │        │ │         │ │      │ │  事务局   │
   └────────┘ └─────────┘ └──────┘ └──────────┘
```

图 8—2　意大利国防部四局行政管理结构图

资料来源：意大利国防部。

文职人员局由一名国防部高级文职官员，即总干事（Direzione Generale）领导，在一名文职副总干事和一名军事副总干事协助下，已经参与众多重大立法创新的实施。这些立法涉及文职人员聘用制度的各个方面，涵盖了文职人员局应担负的所有责任。根据 2013 年 1 月部长令，文职人员总干事管理该部门的各项事务。当总干事有职位空缺或因其他情况缺席时，文职副总干事应担任其职务。文职副总干事主要负责定期监测各管理者的目标进度及相应责任义务，处理文职人员劳资关系、谈判等，在总体规划及标准方面向总干事提出建议，负责处理总干事委派的事务。当总干事和文职副总干事均缺席时，由军事副总干事负责。

风险预防办公室（Servizio Prevenzione e Protezione dei Rischi）在与文职人员安全相关的活动中为文职人员局提供支持。总干事办公室（Servizio-Ufficio del Direttore Generale）负责处理文职人员聘用、组织、培训、考评、数据管理、保密、工会活动、档案管理、保障协调、司法监察等工作。文职人员局还下设公共关系办公室（Ufficio Relazioni con il Pubblico）、劳工及法律事务诉讼管理处（Ufficio Gestione Contenzioso del lavoro ed affari legali）及计算机服务和系统设计办公室（Servizio Informatica e reingegnerizzazione sistemi informatici）。

此外，文职人员局分为四大部门。部门 I 是人事部门，主要负责文职人员的招聘和重组。下设两个处，其中一处（1a）负责军事人员与文职人员的调任，招募特殊类别人员，招聘学院教授、管理人员，负责非管理类人员的公开竞争以及编制需求。二处（2a）负责就业、调整、培训，如国外文职人员事务，文职人员部门内调动和跨部门调动。部门 II

是法律、纪律和劳资关系部门，下设两个处。其中，三处（3a）负责处理与法律地位、合同管理、纪律要求、工作时间、医疗惯例等问题。四处（4a）处理请销假事务、劳资关系、职业规划。部门Ⅲ负责经济问题，包括文职人员待遇和预算等，下设三个处。其中，五处（5a）负责财务事务、行政基金管理、福利待遇的法律规定、财务计划、经济分析。六处（6a）负责文职人员工资性收入及福利，包括行政人员、军事法官及学院教员的工资等级和福利。七处（7a）主要处理保险理赔、税务援助。部门Ⅳ是养老保险部门，主要负责养老保险及相关文书工作，下设三个处。其中，八处（8a）负责注册、认证及文件工作；九处（9a）负责服务、公平补偿、优惠养恤金、特殊福利、工伤；十处（10a）负责遣散、退休，发放退休金和遣散费。①

文职人员局各部门任务清晰、分工明确，全面指导文职人员高效开展各项工作，充分保障文职人员各种权益，是意大利国家宪兵队文职人员发展的体系保障。

二、人员类别

意大利军队文职人员分类明确，按职能领域划分为三大类，即第一类（A1）、第二类（A2）和第三类（A3）。其中 A1 类文职人员全部为一般服务部门的辅助人员；A2 类文职人员包括专员类和助理类人员，如行政部门专员、建筑技术专员、电气和机电系统技术专员、行政助理等；A3 类包含行政官员和各类技术工程师，如生物学、化学和物理的技术官员（工程师），汽车和机械工程师。根据意大利国防部2019 年 11 月最新数据，A2 类文职人员数量最多、分布最广、承担职能最多，占国防部文职人员总数的 84.27%；其次为 A3 类，占国防部文职人员总数的 9.22%；A1 类文职人员相对较少，为军队文职人员总数的 6.51%。根据工资等级，每一类文职人员划分为不同级别，其中 A1 类文职人员根据工资等级分为三级，A2 类分为六级，A3 类分为七级，总体用 Area-Fascia 表示，即 A – F；如 A2 – F2 则指第二类中工资二级的

---

① it. mofcom. gov. cn/article/jmxw/201607/20160701362108. shtml. [2020 – 03 – 01].

文职人员。①

意大利军队文职人员最多的为 A2 - F3 类，共有 11536，约为军队全部文职人员的 46.2%。其次为 A2 - F4 类，共有 4642 人，约为全体文职人员的 18.6%。A2 - F2 类有文职人员 3709 人，约为全体文职人员的 14.8%。文职人员人数最少的类别依次为 A1 - F2、A1 - F7、A3 - F6，分别只有 4 人、8 人和 40 人，依次约占全体文职人员的 0.016%、0.032% 和 0.16%。

较意大利军队文职人员总量而言，宪兵部队文职人员数量较少，仅 500 余人，是全体文职人员的 2.1%。宪兵部队文职人员也分布在 A1、A2 和 A3 三大类，其中 A1、A2 每一工资等级都有宪兵部队文职人员，而 A3 类则仅仅分布在 A3 - F1、A3 - F2 和 A3 - F3，且人数极少，分别只有 6 人、4 人和 1 人，分别占军队该类别文职人员总数的 3.6%、0.45% 和 1.6%。尽管 A3 - F4 到 A3 - F7 四类别军队文职人员共有 600 余人，但截至目前尚不包含宪兵部队文职人员。其余各类文职人员中，A2 - F3 文职人员人数最多，宪兵部队文职人员也位于首位，共 223 人，约占该类文职总数的 1.9%。这 223 名文职人员具体分为十类，包括行政部门专员/法官 26 名，电气和机电系统技术专员 14 名，机械工程技术专员 11 名，一般事务专员 9 名，建筑技术专员 3 名，以及行政助理 136 名，建筑和维修助理 12 名，汽车、机械和武器的技术助理 7 名，加工技术助理 3 名，保安助理 2 名。其次为 A2 - F2 类，尽管此类文职人员数量位列全军第三，但是宪兵部队文职人员为 202 人，位列宪兵部队文职人员数量第二，约为文职总数的 5.4%。这 202 名文职人员具体分为 9 大类，包括行政部门专员/法官 6 名，一般事务专员 4 名，机械工程技术员 4 名，建筑技术专员 3 名，电气和机电系统技术专员 2 名，以及行政助理 180 名，支持服务助理 1 名，建筑和维修助理 1 名，汽车、机械和武器的技术助理 1 名。

宪兵部队文职人员数量最少的是 A1 - F2、A3 - F3，均只有 1 人；

---

① https://view.inews.qq.com/a/20191118A0HV2000? tbkt = C1&uid = 100076859892&refer = wx_hot. [2020 - 02 - 19].

A1‐F2为1名一般服务机构的辅助人员，A3‐F3为1名行政官员；其次为A2‐F6，仅3名文职人员，包含2名行政助理、1名建筑和维修助理。此外，较为特殊的是A3‐F1，6名国家宪兵队文职人员皆为行政官员。具体人员类别、数量及比例见表9—1（选取部分典型数据）：

表9—1　意大利国家宪兵队文职人员类别、数量及比例

类别	宪兵部队文职人员数量	军队文职人员数量	比例
A2‐F3	223	11536	1.93%
A2‐F2	202	3709	5.45%
A2‐F4	35	4642	0.75%
A1‐F3	33	1622	2.03%
A2‐F5	6	897	0.67%
A3‐F1	6	166	3.61%

资料来源：意大利国防部。

（三）职能分布

意大利文职人员由国防部统一管理，国防部基于国家发展战略、国防力量需求、军队担负使命、军队驻扎情况等做出有关军队使用文职人员的相关决定，制定并通过在军队及相关组织中使用文职人员的政策、标准文件等。意大利军队约2.5万名文职人员分布范围广，在意大利各行政区、省、市（镇）等军事机构几乎都有文职人员，如塔兰托、罗马、拉斯佩济亚、那不勒斯、巴勒莫、巴里、墨西拿、乌迪内、米兰、佛罗伦萨、比萨、奥古斯塔、西西里、布林迪西、卡利亚里、卡塞塔等地，其中塔兰托、罗马、拉斯佩济亚文职人员数量最为庞大；那不勒斯、佛罗伦萨也有大量的文职人员。以人数最多的A2‐F3类文职人员为例，塔兰托有1700余名、罗马有约1300名、拉斯佩济亚有800余名、那不勒斯有400余名、佛罗伦萨有300多名。意大利军队文职人员遍布各地各类军事机构中的各种岗位，如A3‐F1类166名文职人员分布在文件中心、资源维护中心、军事人员局、文职人员局、武器装备理事会、海

军学院、海军支援材料部、塔兰托武器库等。国家宪兵队文职人员也同样遍布各机构。通过分析国防部数据，A1-F3共有国家宪兵队文职人员33名，全部为一般服务部门的辅助人员。这33名文职人员分布在18个城市，服务于22个不同的单位，包括位于巴勒莫的西西里军团指挥部、罗马拉齐奥军团指挥部、墨西拿宪兵总部、佛罗伦萨宪兵指挥学院、韦莱特里宪兵军官学校以及"撒丁岛"宪兵营等。A2-F4宪兵部队文职人员35人，分布在19个城市的28个单位，包括卡塞塔宪兵指挥部、阿维利诺宪兵指挥部、乌迪内宪兵指挥军团、坎波巴索宪兵学校等。

文职人员遍布于意大利军事行政管理部门、装备技术部门、后勤保障部门、军事院校、科研机构、医疗机构等单位，在国防和军队建设中发挥着极其重要的作用。具体来讲，文职人员在军队中担任着数百种职务：在意大利文职人员局、宪兵指挥部等从事行政管理等工作；在武器装备理事会、国防基地、直升机站等单位从事行政助理、技术支持等工作；在后勤支援中心、资源维护中心、文件中心、供应及维修组、弹药库、武器库、军官俱乐部等单位从事各种保障性工作；在国防高级研究中心、军事地理研究所等军事研究所，摩德纳军事学院、宪兵军官学校等院校，军事综合医院、军事药物管理局、军事法医办公室等从事教学、科研及医疗等工作。如，A1类为一般服务部门的辅助人员，这类文职人员则专门从事辅助性工作。A2类为各类专员或助理类人员，其中电气和机电系统技术专员、建筑技术专员、机械工程技术专员、行政部门专员/法官在相关领域提供专业技术支持；行政助理，建筑和维修助理，汽车、机械和武器技术助理、支持服务助理等在行政管理、建筑等从事辅助性工作。A3类行政官员和各类技术工程师则主要负责行政管理以及与汽车、武器、生物等相关的专业性问题。[①]

四、反恐建设

2016年，意大利被恐怖分子入侵的风险提高，意大利宪兵部队及其

---

① https：//view.inews.qq.com/a/20191118A0HV2000? tbkt=C1&uid=100076859892&refer=wx_hot. [2020-02-19].

所属特勤部队作为打击恐怖主义的拳头力量，时刻保持高度戒备，不断加强反恐安全防范措施。

1. 日常巡查。宪兵部队在聚集地、铁路、公共交通枢纽、机场、码头等地方都采取了预防措施，安全部队也在监狱、小机场、港口、铁路和公共交通开展有针对性的检查。[①] 同时，加大对非法移民的打击力度，在米兰、罗马、那不勒斯、威尼斯等非法移民集中地区进行突击搜查。

2. 情报搜集。第一，意大利情报部门利用跟踪、监听和新型高科技手段，识别拥有宗教极端思想或有发动恐袭可能的嫌疑人，避免可能发生的大规模恐怖袭击事件。第二，渗透极端伊斯兰组织，策反恐怖人员，根据举报信息捣毁非法移民、偷渡买卖、走私等犯罪窝点，封锁其运输通道。

3. 反恐特战。意大利宪兵特勤组（GIS）积极应对恐怖威胁，加强日常训练，将在阿富汗战场获得的实战经验融入意大利的反恐策略中，并根据狙击侦察、训练、谈判和突击四个小组的不同职能，开展战术分组的实战训练。根据不同作战地点，如劫机、城市反恐、海上反恐、室内爆破等，采用"管状"或"线性"攻击，依靠速度，制造突然性，火力压制恐怖分子。在战术队形方面，以"纵列"为典型突击小组，分为侦察、冲锋、掩护、后卫等职能，一般还可携带战斗突击犬或爆炸物检测犬。

4. 国际反恐合作。宪兵部队保持与各国警宪部队的交流合作，提高技战术水平、协同配合能力和情报搜集分析能力。其中，特别加强与穆斯林国家的反恐合作，联合应对非法移民问题。

5. 武器装备现代化。宪兵部队和特勤组在战斗中使用的反恐武器主要为突击步枪、冲锋枪、手枪、狙击步枪、霰弹枪等枪械和榴弹、霰弹等爆破弹，此外，在装备方面还配置了防弹盾、伸缩摄像机、电子脉冲探测器、微型无人机、履带式无人驾驶地面车辆、可调节装甲突击车辆、airTEP空降战术撤出平台、气动或液压突破装置、热喷枪等智能化、自

---

① http：//www.difesa.it/SGD-DNA/Staff/DG/PERSOCIV/Organigramma/Pagine/default.aspx. [2020-02-19].

动化反恐利器。

6. 反恐实战经验。宪兵部队从 1989 年开始参与了多次实战任务，最为著名的是 1997 年逮捕了占据威尼斯圣马可广场钟楼的武装分子。与意大利黑手党的长期斗争和赴阿富汗参与反恐战争，均为宪兵部队积累了丰富的实战经验。与此同时，国家宪兵队和地方警察举行常态化的反恐演习，保持对突发事件的反应能力、干预速度和通信保障能力。

五、女性制度

国家宪兵队中的女性文职人员是部队的补充力量，主要从事运输、管理等后勤保障任务，也有为参与境外作战任务的部队提供辅助支持的工作。[1]

意大利宪法规定，女性和男性在各领域，包括军事领域，享有同等权力。2000 年意大利武装力量也颁布了相关内容的法令。国家宪兵队中的文职人员无论男女，权力和义务相同，不存在职位调动、薪酬发放、社会保险等方面的差异。在休假方面，女性文职人员与国家公务员享受同等待遇。

女性文职人员加入部队前需要参加相关考试，并考量身高、年龄等方面的硬性条件。这些人员一般有法律、心理、社会学、工程学和医学的教育背景，通常编入高校或机关，从事后勤、技术等方面的工作。入职后，需要进行体能训练，达到男女同等要求的体能标准，为未来执行遂行任务，包括执行境外任务打好基础。

在福利保障方面，女性特质和在怀孕、哺乳等时期的特殊需求也受到部队重视。意大利武装力量专门建立了协调委员会来监督福利落实情况。委员会成员级别很高，包括 2 名将军、5 名国防部中央局女性领导、4 名从事平等问题的女性官员和 1 名财政部代表。有北约军事专家评论认为，意大利国家宪兵队女性军事人员的各项配套条件是盟国中做得最好的。[2]

---

[1] http://www.difesa.it/Organigramma_AltriEnti/Pagine/default.aspx. ［2020 - 03 - 15］.
[2] http://www.difesa.it/Organigramma_AltriEnti/Pagine/default.aspx. ［2020 - 03 - 15］.

第三节 可以学习借鉴的经验做法

一、合理稳定的文职人员队伍建设

意大利国家宪兵队文职人员管理体系结构清晰，机构专门化，责任明确，隶属于国防部的文职人员局全面负责文职人员力量建设与发展。其下设四大部门、十个处，对国防部文职人员的招聘、培训体系、绩效考核、薪酬、调任、劳资关系、职业发展、退休及福利等进行了明确的分工。在大国军事竞争中，结构清晰科学是极其重要的优势，意大利国家宪兵队文职人员管理结构清晰、组织结构优化、机构层级适中，这是其文职人员队伍建设发展的体系保障，是开展其他工作的基础，有效提升了文职队伍建设的质量效能。系统和规范的结构保证了文职人员各级管理机构职责明确，促进文职人员管理机构与国防任务、军队实际紧密结合，科学调整文职人员编制体制，并在时代发展的背景下，不断完善国家宪兵队文职人员队伍结构，促进其向充实、灵活、多能、高效全方位发展。

意大利文职人员局制定出统一、全面的文职人员政策，高效地确立招聘需求和目标，选拔出各军事用人单位缺乏又急需的人才，保证了文职人员人才选拔的精准性。根据职能领域及工资级别，国家宪兵队文职人员分为三大类，每一大类又分为若干级别。文职人员管理机构专业系统地规范了各职能领域、职位体系、职位描述，同时各岗位设有标准化级、等划分，并与设定岗位一一对应，且针对不同领域具体岗位制定了细致明确的能力标准。这最大限度地实现了文职人员的科学配置，使各岗位文职人员明确了工作方向及职责，促进其制定具体目标，提高工作效率和工作质量，提升文职队伍内部竞争活力，更好地为部队提供服务。明确的分类、清晰的职责和规范的标准有利于建立合理高效的文职人员绩效管理和评价机制，也为军队文职人员建立科学的薪资体系提供了借鉴。

意大利国家宪兵队文职人员任职部门广泛，服务年限长期化，队伍稳定。国家宪兵队 500 多名文职人员遍布在意大利各地军事机构，如武器装备理事会、军团指挥部、宪兵指挥学院、资源维护中心、军事综合医院等；职务分类多，如电气和机电系统技术专员、机械工程技术专员、行政部门专员/法官、行政助理等。招聘的助理类和专员类文职人员大多数比较年轻，行政官员类则需要经验丰富的相对年长的文职人员，他们不断地为军队注入活力。由于意大利文职人员管理机构的专门化、职业分类体系化、薪酬体系科学化、职业规划专业化，再加上意大利注重文职队伍建设，对年龄要求较为宽松，文职人员可以在军队中长期从事某种专业工作，这样既保证了专业技术较强的工作和一些军队重要工作的稳定性和持续性，又避免了工作人员频繁调动对部门持续稳定建设造成影响。

二、精简灵活的文职人员编制结构

文职人员改革是意大利国家宪兵队军事改革的重要组成部分。改革前，国家宪兵队部门单位冗杂，人员结构复杂，缺少清晰的职能划分，人员过剩懒散。改革后，在国防部提交的年度改革报告中，每年都要重申对人才资源的要求，包括文职人员招募、人才培养和一体化协同问题。2018年执政党"五星运动"提出新的军事人员改革计划：（1）进一步调整人员结构，削减文职人员，使人员工资与欧洲国家军事人员的工资水平一致；（2）重新研究军事预算，减少购买昂贵武器的花费，提高侦察、创新、高科技的资金和人员投入。

意大利国家宪兵队的军事改革始于金融危机，在此背景下，削减过剩人员、裁撤冗余部门、减少军事预算、提高在编人员的工资福利是促进部队现代化发展的有效方式。文职人员主要负责外部采办、部队后勤保障和武器装备维修养护的工作，此次改革计划裁撤1万名文职人员，节省约5亿欧元的军事支出。到2021年，全军将设5.6万名在军中服务的长期志愿者，2.4万名固定志愿者岗位。通过精简机构、调整人员编制，努力建立更加机动化、现代化、年轻化的国家宪兵队，丰富部队人员层次和人才资源，为年轻人提供多种选择的就业机会，以此来缓解年轻人失业状况，并希望利用年轻人富有机动性和灵活性的特点，提高处理军事冲突的作战效率。

在编制层次方面，拟改变原有的劳动体系，缩短合同时间，为快速更新国家宪兵队血液，为年轻人提供机会铺平政策道路。将入职年限由25岁降至22岁，要求年轻人比例占总人数的2/3，雇佣职位和永久职位的数量相当。但与此同时，职业晋升机会也会受到限制，确定的职级主要奖励给有特殊贡献和突出成绩的文职人员，而不再是晋升的普遍条件。

在人员能力方面，加强人员培训，重视人员培养和训练的长期性、终身性。在新的改革目标牵引下，文职人员的职业能力主要用于服务国家宪兵队的军事任务顺利完成以及与盟友的行动协同和计划协调。根据北约和欧盟军事遂行任务条件，意国防部将采取多种手段对文职人员进行培训，其中最有效的手段是跨部门培训和国际军事演习，文职人员培训的最低目标是保证遂行任务的安全和效率，保证行动得以圆满完成。

值得一提的是，女性参与军事服务、成为军队一员的重大决策是意大利国家宪兵队具有历史意义的成功政策。虽然意大利是北约中最后一个允许女性进入国家宪兵队的国家，但其政策的发展速度很快。目前，意大利国家宪兵队女性军事人员占国家宪兵队总人数的4%，除了特种部队之外，女性在意大利国家宪兵队中各个领域均有人员配置，意大利国防部在每年提交的军队改革报告中，都对女性军事人员一体化协作问题进行分析，意大利女军人还参与制定国家军事政策和管理欧盟安全与防务政策等。这都说明这项性别改革政策在军事领域取得了前所未有的成就，女性对意大利军事发展乃至欧洲军事进步做出了重要贡献。

三、顺应发展的文职制度顶层设计

（一）完善军事理论

意大利国家宪兵队进行现代化改革的理论依据是一系列战略论述，包括2001年颁布的《新时期新力量》，2002年发布的《国防白皮书》，2005年发布的《总参谋部首长战略思想》和《军事投资安全问题》，2011年颁布的《军事条例》和最新版《意大利军事学说》。这些论述不仅体现了时代背景下意大利军事政策思想发展，更确立了国家宪兵队和文职人员在现代化冲突中的作用。2015年颁布的《国际安全和国防白皮书》是意大利国家宪兵队最新的改革指导，它提出了部队现代化标准，强调与欧洲其他国家部队在安全防卫方面的一体化协同。该军事理论要求进一步推进管理改革、人员改革、行动模式和技术设备改革，促进意大利国家宪兵队机构运行更精简、人员职能更全面、技术保障更完善、作战行动更有效，充分体现意大利军事发展的勃勃雄心。

（二）嬗变顶层指挥

国家宪兵队文职人员的最高指挥为国防部长，该职位为文职岗位，由总统直接任命。2000年后，意大利政坛更迭频繁，因而防长的人选也变动很快，15年间共更换了8任防长。普遍认为，在多方因素的交织下，文职防长对于宏大的军事改革计划、对于提升作战效能的核心要件的认识和经验有限。顶层指挥的频繁变动导致军事改革政策的实施缺少长效机制，难以形成连续性战略。

（三）降低军费预算

根据斯德哥尔摩国际和平研究所2019年发布的国家军队预算，意大利政府拨付军费预算连年下滑，具体数字见表8—2。2015年颁布的《国际安全与国防白皮书》规定，管理改革中，首先应当考虑人民预算改革。参照欧盟其他国家预算执行比例，人员预算占总预算的50%，才能保证军事人员的现代化训练和福利待遇。然而，深陷金融危机的意大利无法提高国防和安全投入，政府并不将这一问题作为首要任务来完成。

表8—2　意大利国防预算经费（2008—2018年度）

	2008	2009	2010	2011	2012	2013	2014	2015	2016	2017	2018
意大利军费（百万美元）	31387	30358	29491	28880	26696	25674	23701	22695	25709	26448	26082

资料来源：意大利国防部。

【参考文献】

[1] https：//ru. wikipedia. org/wiki/Вооружённые_силы_Италии. [2020 - 02 - 19].

[2] italia-ru. com/page/italyanskaya-armiya. [2020 - 03 - 15].

[3] http：//factmil. com/publ/strana/italija/prokhozhdenie_zhenshhina-

mi_voennoj_sluzhby_v_vs_italii_2007/37 - 1 - 0 - 744. ［2020 - 02 - 10］.

［4］ it. mofcom. gov. cn/article/jmxw/201607/20160701362108. shtml. ［2020 - 03 - 01］.

［5］ https：//view. inews. qq. com/a/20191118A0HV2000？ tbkt = C1&uid = 100076859892&refer = wx_hot. ［2020 - 02 - 19］.

［6］ http：//www. difesa. it/SGD-DNA/Staff/DG/PERSOCIV/Organigramma/Pagine/default. aspx. ［2020 - 02 - 19］.

［7］ http：//www. difesa. it/Organigramma_AltriEnti/Pagine/default. aspx. ［2020 - 03 - 15］.

后 记

本书立足于新时期军事变革需求,根据《中国人民解放军文职人员条例》的相关内容,着眼于世界各国警宪部队的文职人员队伍建设研究,历经近两年的艰苦努力,修改十余次,力求探究各国文职人员制度发展的规律,得出制度建设过程中可借鉴的经验做法。

本书由武警工程大学基础部主任王莉和基础部政治学教研室马溯川博士主编,基础部十余位教员悉心编撰,汇集成书。第一章由汪小琳教员编写;第二章由刘雯雯教员编写;第三章由张纪才教员编写;第四章由洪晨教员编写;第五章由孟雪教员编写;第六章由陈黎教员编写;第七章由吴星芳教员编写;第八章由汪小琳教员和刘雯雯教员共同编写,雷鸣干事、刘雯雯教员、郭茹星教员、杨玲教员负责全书的统稿和定稿。

金振兴教授、贺养平教授,以及武警工程大学政工处和科研处的诸位领导对初稿进行了审阅,编者对其宝贵的修改意见表示诚挚的谢意。

由于编者水平有限,书中不妥及错误之处在所难免,敬请各位专家和读者批评指正。

2020 年 8 月